京都北山エリア

ぐるっと心理学さんぽ

「心」ってなんだろう？

編
伊藤一美　向山泰代

編集委員
高井直美　松島るみ
菊野雄一郎　武藤翔太

ナカニシヤ出版

まえがき──心理学さんぽに出かけよう

　京都は言わずと知れた日本の古都。市中にはオセロ盤のように通りが張り巡らされ，東・北・西の三方の峰々には起伏と川の流れに沿って道筋が延び，その中に大小さまざまな寺社仏閣とひそかにキリスト教建築を抱く盆地です。東西に走る最北端の太い通りが「北山通」。その一筋南に「京都ノートルダム女子大学」というカトリック系の小さな女子大学があります。

　本書の執筆者は，この女子大心理学科で教えている，13人の先生たちです。一口に心理学といっても，以下の図のようにさまざまな領域があるので，先生によって専門は異なります。

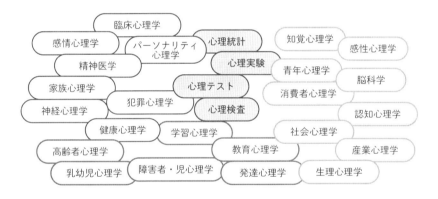

　さてここからは読者のみなさんとともにお散歩しながら，心理学のさまざまなトピックを楽しく学んでいきたいと思います。この13人の心理学者が京都北山エリアの名所スポットに隠れ住んでいて，お散歩の途中でふと出会うと，心理ネタを披露してくれたり，困りごとの相談に乗ってくれたりする……。そんな『京都北山エリア ぐるっと心理学さんぽ』にあなたも参加してみませんか？

　このおさんぽをナビしてくれるのは，高校2年生の北山こころちゃんです。

> はじめまして。北山こころです。家族は両親，結婚して近所に住む姉，それと豆柴のコロ助。少し前に姉のところに赤ちゃんが生まれ，めでたく「おばさん」になりました。
>
> 弓道部に所属していて，好きなことは音楽を聞きながら歩くことと日本史。京都市内は面白いところがたくさんあるので，家族や友だちともあちこち行きます。ほかにも趣味はあるけど，長続きしないし家族からはよく「どんくさいな〜」って言われます。
>
> 高2なのでそろそろ進路を決めないといけないけれど，なりたいものがあるといえばあるけれど，ないといえばないような。そもそも自分にできるのかな，と考えちゃう。
>
> 京都は大学がたくさんあるし進学の選択肢が多いけれど，いろんな学部があってかえってわからなくなります。心理学を学ぶのもおもしろそう。さんぽしながら，よくコロ助に「どうしよう？」って相談しているから，外から見たら変な人かも，です。

　こころちゃん，自己紹介ありがとう。
　「おさんぽ」の1から13までの章は，はじめから読んでも，つまみ食い方式でもOK。ところどころに「よりみちコラム」も用意しています。
　では，風の吹くまま気の向くまま，京都北山エリアのおさんぽ，出発しましょう。

目次

　　まえがき——心理学さんぽに出かけよう　1

本当の自分って何だろう？ …………………………… 8
　　📍　鞍馬寺・背比べ石
　　1　さまざまな"私"とは？　9
　　2　自分自身をどのように評価しているのか　11

　　赤ちゃんは生きるための戦略をもって生まれてくる　16

わたしの性格，言葉で表すと？ ……………………… 18
　　📍　上賀茂神社
　　1　「自分らしさ」について考える　19
　　2　性格の心理学　19
　　3　性格を表現する言葉の研究　20
　　4　擬態語による性格表現について考える　23
　　5　おわりに　29

　　性格の類型論と特性論　30

うまく言葉にできない気持ちを表現するには？ …… 32
　　📍　鷹峯　光悦寺
　　1　伝えたい気持ちと，伝えたくてもうまく伝わらない気持ち　33
　　2　言葉以外の方法で「わたし」を表現する　34
　　3　コラージュ療法を通じて伝えられること　37

　　精神科デイケアの芸術療法
　　　　お話するだけでないカウンセリング①　44

おさんぽ 4 性と心ってどう関連するの? ……… 46

赤山禅院

1 「性」について　47
2 「性」を心理の目で見る　54

よりみちコラム 子どもを対象とする遊戯療法
お話するだけでないカウンセリング②　58

おさんぽ 5 「居場所」ってどういうもの? ……… 60

岩倉の里

1 「いること」が揺らぐとき　61
2 「居場所」という言葉の使われ方　63
3 居場所と他者の関係　66
4 「居場所」と心理的な発達課題や健康との関連　68
5 居場所は見つけたり，作ったりするもの?　70
6 おわりに——居場所と心の支援　72

おさんぽ 6 どうして人は言葉を話すの? ……… 74

岩屋山志明院

1 言葉のルーツ——動物から人間へ　75
2 人間の子どもの言葉の発達　78
3 コミュニケーションから思考へ　82
4 おわりに　85

よりみちコラム こどものコトバ　86

目　次　5

周りの世界をどんなふうに見ているの? ……………88
📍　京都御所

1　ものの見え方　89
2　日常生活での知覚　93

　同じ心理検査結果でも解釈者が違うと，結果が変わる?　96

子育ては大変? 親の悩みは尽きない? ……………98
📍　夜泣峠

1　親はいつから親になる?　99
2　子どもの健康を守り，育てる　104
3　親子を見守り，応援する社会へ　109

　赤ちゃんの泣きに対抗する?　110

どうしたら「やる気」を高められる? ……………112
📍　北野天満宮

1　やる気はどうやって起こるの?　113
2　学習理解を促進する学習活動とは?　120

わかっているのにやってしまうのはなぜ? ………124
📍　比叡山 雲母坂

1　行動の原理　125
2　セルフコントロールと衝動性　129
3　セルフコントロールと利他性　133
4　おわりに　135

　陰陽道と強迫行動　136

おさんぽ11　家族関係はなぜ難しい？ ……… 138
📍 下鴨神社

1　子どもは守られるもの？　139
2　ウチって普通？ おかしい？　141
3　親は身内？ 近しい他人？　143
4　親って，卒業できる？ 卒業後の親子関係は？　145
5　若者は家族を超えて 家族は河の泡のように　148

よりみちコラム　虫の居どころ　151

おさんぽ12　そもそも，カウンセリングって何するの？ ……… 154
📍 貴船神社

1　カウンセリングとはなにか　155
2　カウンセリングを受けるには　157
3　カウンセラーは名探偵？　158
4　実際のカウンセリングの流れ　161

よりみちコラム　"科学的"じゃない投映法は消えるべき？　166

おさんぽ13　自分の将来にどう向き合うか？ ……… 168
📍 鴨川デルタ

1　将来について悩むということ　169
2　大学生がもつ将来の見通し　170
3　希望するライフコース・職業観の時代的変化　172
4　キャリア探索　174
5　キャリアに対する自己効力感　175
6　自己効力感に影響する4つの情報源　176
7　変化の大きい現代におけるキャリア形成　177
8　おわりに　178

よりみちコラム　どのようにして京都北山に
心理学の学びは誕生したのか？　179

文　　献　*181*
あとがき　*188*
執筆者紹介　　*190*

本当の自分って何だろう？

お散歩やプチ旅が大好きなこころちゃん。今日は快晴，友だちと叡山電鉄の旅です。出町柳駅から出発し，鞍馬線の終点・鞍馬駅で下車，まず鞍馬寺でお参りです。冗談のつもりで友だちとどっちがかわいいか，賢いかなんて話をしていたら，段々気まずくなって……そうしたら山ガール姿の下田先生が「まあまあ。比べっこといえば，この先の奥の院の先におもしろい石があるよ」と教えてくれました。

鞍馬寺・背比べ石

▼牛若丸の背比べ石

▲鞍馬寺の仁王門

同級生と自分を比較すると周りも一緒に成長しているので，自分の変化に気づきにくいもの。むしろ何か客観的なものを基準にすると自分の成長を実感できるかもしれません。
鞍馬寺は叡山電鉄の終点駅。牛若丸，つまり源義経は幼い頃にここで修行をし，16歳で奥州平泉へと下ります。そのとき名残を惜しんで背比べをしたと伝わる石が今も残っています。その後の義経の活躍ぶりを「背比べ石」が知ったら，きっとびっくりしたでしょうね。

こころ

学校では「しっかり者」，家では「どんくさいなあ」と言われます。それに，友だちと容姿を比べては落ち込んだり喜んだり，そんな自分が嫌になってみたり。どれが本当の私なんでしょう？

下田麻衣 先生

人は誰しも多くの側面を持っていて，状況や周囲の人の違いによって自分のどの側面が現れるかが変わります。また，私たちは他者と比べ，自分の評価が低ければ落ち込み，高ければ喜びます。いろんな自分が存在することはとても自然で，どの側面も"本当の自分"。そのメカニズムを考えていきましょう。

1 さまざまな"私"とは？

[1] 私たちは自分自身をどのように捉えているのか？

　先日，久しぶりに会った親戚に「相変わらず理屈っぽいね」と言われました。私は，これまで自分のことを「理屈っぽい」と感じたことは一度もありませんでしたが，この話を冗談交じりに家族に話してみたところ否定されず，少しショックを受けました。なぜなら，それなりに自分自身と向き合って生きてきたにもかかわらず「理屈っぽい」自分に全く気づいていなかったからです。そもそも，私たちが思っている「自分」とは一体何なのでしょうか。

　ジェームズ（James, 1892）は，自己には「知るもの」としての主我（I）と，「知られるもの」としての客我（Me）の2つがあると考えました。この考え方を**自己の二重性**といいます。自己の二重性を理解するには，自分が鏡を見ている様子をイメージするとわかりやすいでしょう。例えば，鏡を見ている自分が主我であり，鏡に映る自分が客我です。鏡に映った自分は，主我から見た客観的な自分といえます。もし誰かに「あなたはどんな人ですか？」と尋ねられたとしたら，「私は高校2年生です」「弓道部のキャプテンです」「好奇心旺盛な性格です」などとすぐに自分について答えられるはずです。これは，客我のよ

うに私たちが自分自身を客観的に捉えることができるからです。このように，「自分とは○○のような人物だ」といった自分に関するおおまかな知識や信念のことを**自己概念**と呼びます。先ほどの私の例では，もともと「理屈っぽい私」という自己概念がなかったか，あるいはほとんど自覚していなかったと考えることができます。しかし，今回の出来事を通して，私の自己概念に新たに「理屈っぽい私」が加わった……といえるでしょう。

　冒頭でこころちゃんは，学校では「しっかり者」，家族にはどんくさいと言われることについて，なぜ同じ「自分」なのに正反対の自分が存在するのか疑問に思っていました。私たちは「しっかり者の私」「好奇心旺盛な私」「どんくさい私」など，多くの自己概念を持っています。しかし，それらのすべてが常に意識されているわけではありません。例えば，学校では「しっかり者の私」が意識され，家では「どんくさい私」が意識されるように，そのときの状況や相手によって意識される自己概念は変わります。このように，特定の状況で意識（活性化）されている自己概念のことを**作動的自己概念**といいます。

　作動的自己概念が変わると，そのときに考えることや行動，感情も変わります。例えば，学校では「しっかり者の私」という自己概念が意識され，周りの人がやりたがらない仕事も進んで引き受けるかもしれません。一方で，家では「どんくさい私」が意識され，頼まれたお風呂掃除を忘れてしまったり，使った食器を洗わずに放置してしまったりするかもしれません。このように，一見正反対に見える自己概念であっても，私たちは状況に合わせて多様な自己概念を持つことができます。

[2] さまざまな“私”がいる方がよい？

　人はさまざまな自己概念を持っていますが，その自己概念がどの程度多様で，またそれらがどれだけ似ているかには個人差があります。例えば，たくさんの異なる自己の側面を持つ人は，複数の自己概念を持っているといえます。また，それらの自己概念の内容が似通っている人（例えば，友人といるときも，家族といるときも「真面目」である）もいれば，異なっている人（例えば，友人といるときは「お調子者」なのに，家族といるときは「真面目」である）もいます。このような自己概念の多様性を示す概念を**自己複雑性**といいます。自己複

雑性は，自己が多面的（自己の側面の数が多く，互いが似通っていない）であるほど高いことを意味します。

　リンヴィル（Linville, 1987）は，自己複雑性が高いほど，ストレスフルな出来事による悪影響を受けにくいと考えました。ここでいう悪影響とは，ストレスによって引き起こされる身体的な症状（例えば，胃痛，吐き気）や抑うつ症状などを指します。では，なぜ自己複雑性が高いほどそういった悪影響を受けにくいのでしょうか。その理由として，自己複雑性が高い人は，ある側面で失敗してもその影響が他の側面に波及しにくいことが挙げられます。例えば，「高校での私」「家での私」「アルバイト先での私」がそれぞれ異なっていれば，高校で嫌なこと（例えば，友人から無視された）が起こっても，家やアルバイト先での自分にはほとんど影響を与えないかもしれません。そのため，一部の側面でストレスフルな出来事が起きても，全体としてはネガティブに感じにくいと考えられます。

2　自分自身をどのように評価しているのか

[1]　自分自身に対する評価はどのように決まるのか？

　こころちゃんは，自分の容姿が他の人と比べてどのくらい優れているのか，あるいは劣っているのかが気になっているようです。例えば，自分では容姿が平均的だと思っていても，ある人に「スタイルが良くて可愛いね」と褒められたり，別の人に「あなたの容姿は平均以下だ」と非難されたりすると，自分の容姿が実際にはどれくらい良いのかわからなくなってしまうかもしれません。

　私たちは「自分は容姿が良い方だ」「自分は成績が悪い」といったように，さまざまな面で自己評価を行っています。自己評価とは，自分が自身に対して行う評価を指しますが，実際には他者の影響を大きく受けています。山口（1990）は，自己評価が他者と関連する理由を以下の 3 点にまとめています。まず第一に，自己評価は「他者からの評価」によって大きく左右されるという点です。たとえ自分では容姿が良いと感じていても，他者から「あなたの容姿はいまいちだ」と言われれば，自分の容姿に対する自己評価は下がる可能性があります。次に，自己評価は「他者からの情報」にも影響される点です。たとえ自分を「美

しい」と評価していても，SNSで多くの美しい人々の写真や情報（他者からの情報）を目にすると，その評価を保つことが難しくなることがあります。最後に，どのような次元が自己評価の対象になるかということ自体が社会によって形作られているという点です。こころちゃんが自分の容姿を評価しようとするのも，「容姿が優れていることに価値がある」という社会的な価値観が背景にあるからだと考えられます。

［2］自分自身を正確に評価するには？

　演劇部のAさんは，将来俳優として成功することを目指していますが，自分の演技力がどの程度なのか正確に知りたいと考えています。その手掛かりの1つとして考えられるのが「他者との比較」です。例えば，同じ演劇部の部員と自分を比べることで，自分の演技力がどれくらい優れているかを判断することができます。このように，自分と他者を比べることを社会的比較といいます。

　フェスティンガー（Festinger, 1954）は，人は社会的比較を通じて正確な自己評価を得ようとすると述べています。そもそも，人には自分を正確に評価しようとする動機があります。これを**自己査定動機**といいます。Aさんの例では，「自分の演技力がどれくらいあるのか」を正確に知りたいというのが自己査定動機にあたります。また，客観的な手がかりによって正確に評価することができない場合，人は他者との比較を通じて自分を評価しようとします。例えば，身長は客観的な数値（○ cm）によって評価することができますが，演技力はそうした客観的な基準を持ちにくいと考えられます。そのため，Aさんは同じ演劇部の部員と自分を比べることで，自分の演技力を正しく評価しようとするのです。

　さらに，人は自分と似た他者と比較する傾向があるともいわれています。もし自分とはかけ離れた人（例えば，年齢や性別が異なる大御所俳優）と比較しても，自分の演技力を正確に評価することは難しいでしょう。この場合，同年代かつ同性の俳優と比較する方が，より適切な判断材料になるといえます。

［3］ときには**自分自身を肯定的に評価したい**

　俳優として成功するために，自分の演技力を正確に評価したいと思う一方で，時には自分の演技力を肯定的に評価したくなることもあるかもしれません。私

たちには，正確な自己評価をしたいという動機づけだけではなく，自己評価を維持し，高めたいという動機づけもあります。これを**自己高揚動機**といいます。

　自己高揚動機に関わる現象にはさまざまなものがあります。自己高揚動機によって，人はどのように認知や行動を肯定的な方向に歪ませるのでしょうか。以下では，そのうちの3つの現象について紹介していきます。

①平均以上効果

　「あなたは同年代の平均的な人と比べて，どのくらい優しいと思いますか」と質問すると，多くの人が「自分は平均よりも上」だと答えることが知られています。アメリカで約100万人の高校生を対象に行われた調査では，70％の人が自分のリーダーシップ能力を平均よりも高いと評価し，85％が他人とうまく付き合う能力が平均よりも高いと評価したことが示されています（Alicke & Govorun, 2005）。このように，自分を平均よりも高いと過大評価することを**平均以上効果**といいます。平均以上効果が生じる理由の1つには，自己高揚動機が関係していることが指摘されています。

②栄　光　浴

　友人や知り合いとの会話で，「有名人のXさんは自分の友だちだ」や「自分の出身校には有名スポーツ選手Yさんがいる」といった自慢話を聞いたことがある人も多いでしょう。自分でもついそうした話をしてしまうことがあるかもしれません。なぜ私たちは有名人や影響力のある人との繋がりを他者にアピールしたくなるのでしょうか。このように，高い価値をもつ他者や集団との関係を強調することで，間接的に自己評価を維持・高揚しようとする現象を**栄光浴**といいます。

③セルフ・ハンディキャッピング

　大事な試験の前日にあえて勉強をやめたり，試験当日に「今日は1時間しか寝てないんだ」と寝不足であることを周囲にアピールした経験はないでしょうか。このような行動をしておくと，もし試験の成績が悪くても，それを自分の能力（例えば，学力）の低さではなく，努力不足（例えば，「今回は勉強していなかっただけ」）のせいにすることができます。これにより，自分に有利な評価

になる可能性を高めることができます。また，予想外に良い点数が取れた場合には，ハンディキャップがあったにもかかわらず自分は良い点数をとることができたと考え，自分に対する評価をさらに高めることができます。このように，自分に有利な状況を作り出す行動を**セルフ・ハンディキャッピング**といいます。

[4] 他者との関係の中での自己評価の高揚と維持

　誰かと比べる，あるいは比べられることは，多くの人が経験していることだと思います。私自身，子どもの頃に周りから姉と比較されることが多く，そのたびに嫌な気持ちになったことを覚えています。姉とは仲が良いので，今では笑い話になっていますが，当時はそのせいで何度も姉妹喧嘩が起きました。「自分は自分，他人は他人」と思っていても，他者との比較はなかなか切り離せないものです。こころちゃんも冒頭の質問で「仲の良い友人と比べて，勝手に落ち込んだり喜んだりする」と言っていました。では，他者と比較するとき，私たちの心の中ではどのようなことが起きているのでしょうか。

　例えば，こころちゃんが重要だと思っている容姿について，友人と比較した場合，もし友人の方が優れていれば，こころちゃんの自己評価は下がります。その結果，落ち込んだり，妬ましく感じたりするといったネガティブな感情が生じるでしょう。一方で，こころちゃんの方が友人よりも優れていると感じた場合には，自己評価は上がり，喜びや誇りといったポジティブな感情が生じると考えられます。

　では，こころちゃんがあまり重要だと思っていない「運動能力」について友人と比較した場合はどうでしょうか。例えば，高校のマラソン大会で友人が1着でゴールし，こころちゃんよりも良い成績を収めたとします。この場合，容姿の例では，相手が優れていれば自己評価が下がると説明しましたが，こころちゃんにとって重要ではない運動能力の場合，友人が優れていても自己評価への脅威（低下）は生じにくいと考えられます。むしろ，こころちゃんは，友人の成功を誇りに思い，そのことを他の人に自慢したくなるかもしれません。

　このように，同じ相手との比較でも，自己評価が上がることもあれば下がることもあります。それでは，自己評価の変動はどのような要因によって決まるのでしょうか。テッサー（Tesser, 1988）の**自己評価維持モデル**によれば，①

図 1-1 自己評価維持モデルで予測されているパターン
（Tesser, 1988; 桜井, 1992 に基づき作成）

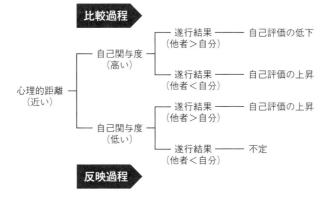

心理的距離（他者との心理的な近さ），②自己関与度（比較する事柄が自分自身にとって重要か否か），③他者の遂行結果（自分の遂行と比べて優れているか，劣っているか）の３つの要因の組み合わせが，自己評価の上昇や低下をもたらすと考えられています。具体的には図 1-1 を見てください。

このモデルでは，心理的に近い他者（例えば，友人）との比較が，特に自己評価に大きく影響すると考えられています。心理的に近い他者とは，友人や兄弟姉妹などを指します。自己関与度が高い事柄（例えば，容姿）において，他者が自分よりも優れていれば自己評価は低下し，自分が優れていれば自己評価は上昇します。このように，自己関与度が高い事柄における自己評価の低下や上昇の過程を**比較過程**と呼びます。

一方，自己関与度が低い事柄（例えば，運動能力）では，他者が自分より優れている場合，逆に自己評価が上昇します。この自己関与度が低い事柄における自己評価の上昇の過程を**反映過程**と呼びます。この過程は栄光浴と類似したものであると考えられています。

人は自己評価を維持・高揚するために，これらの３つの要因を状況に応じて認知的・行動的に変化させると考えられています。例えば，自己関与度の高い事柄（例えば，容姿）で友人が自分より優れている場合，①心理的距離を遠く見積もる（例えば，その友人とは距離を置く），②自己関与度を低く見積もる（例えば，容姿は自分にとってそれほど重要ではないと考える），③遂行結果を変

える(例えば,努力して容姿を磨く)といった方法で,自己評価の低下を防ごうとすることが考えられます。

しかし,日常場面では自己評価維持だけではなく,他者との関係維持が重要なときもあります。例えば,恋人や配偶者など,関係維持が重視される二者関係の相手との比較では,このモデルの予測が必ずしもあてはまらないことが指摘されています。以下の例について考えてみてください。

> あなたと恋人は,共に俳優として成功を目指して一生懸命に演劇に取り組んできました。最近,あなたは出演した映画で演技が絶賛され,有名な映画賞で俳優部門の最優秀賞を受賞しました。しかし,恋人はまだ俳優として知名度がなく,賞をもらったことがありません。

このような状況で,あなたはどのような感情を抱くでしょうか。自己評価維持モデルに従うと,この場合,自分にとって重要な事柄において相手よりも優れているといえますので,自己評価が上がり,ポジティブな感情が生じると考えられます。しかし,恋人のような親密な関係を維持したい相手の場合は,素直に喜べないかもしれません。なぜなら,その活動が相手にとっても重要な事柄である場合は,自分の優れた結果によって,相手の自己評価が低下し,ネガティブな感情を抱かせる可能性があるからです。その結果,自分の成功に対する喜びが恋人の気持ちを考えることで半減するかもしれません。

このように,関係維持が重視されるような相手との比較では,自分の自己関与度だけではなく,相手の自己関与度(相手にとって重要か否か)も考慮して,共感的に反応すると考えられているのです(Beach & Tesser, 1995)。

赤ちゃんは生きるための戦略をもって生まれてくる

ヒトの赤ちゃんは,生まれてすぐには自力で親にしがみつくことも移動することもできません。抱っこして,お乳をのませてもらうなど他者に世話をしてもらわないと生きていけません。この状態をポルトマン(1963)は「生理的早産」と呼んでいます。ヒ

ト以外の哺乳類では，多くは生後間もなく立ち上がって自力で移動ができるようになり，自ら母親のおっぱいを探してお乳を吸うことができます。ヒトと同じ仲間の霊長類（チンパンジーやゴリラなど）でも，自ら親の身体にしがみついて移動することができます。このように他の動物と比べると人間の赤ちゃんはとても非力に見えますし，生きるためには誰かを頼らざるを得ないため，生まれるのが早すぎるという考え方です。

ところが，非力に見える人間の赤ちゃんは，実はさまざまな力を備えて生まれています。自力で移動したりしがみつくことができないので，仰向けに寝かされている状態が長時間続きます。そうすると親や周りの大人は，赤ちゃんの顔を見る機会が多くなります。生まれて間もない赤ちゃんには寝ている間ににっこり微笑む「新生児微笑」という反射行動がみられます。感情に基づいて笑っているのではなく睡眠中の単なる反射なのですが，見ている周りの人がつい微笑んでしまうかわいらしさなので，赤ちゃんをいとおしく感じてしまいます。起きているときにはつぶらな瞳で，じっと顔を見てくれます。生後間もない赤ちゃんは視力も低く，あまりはっきりと見えていませんが，顔らしきものには注意を向ける力を備えています。ですから，大人の顔をじっと見つめる行動がみられ，それに対して大人は見つめ返し，にっこり微笑み声をかけたりして，赤ちゃんにかかわろうとするでしょう。また赤ちゃんは「声を発する」ことができます。声を出して泣き笑うので，親もそれに応じて話しかけるようになり，さらに赤ちゃんも呼応するように発声することをし始めます。声を出すのは当たり前のように感じるかもしれませんが，このような発声は人間特有のようです。後に言葉を話す基盤にもなりますね。

動物一般に共通する特徴もあります。大きな頭，まるい目，ずんぐりした体型といった子ども時代の姿かたちを「ベビーシェマ」といいます。これは弱いものを助けようとする反応を自動的に生じさせるような仕組みといわれています（ローレンツ，1978）。人間の子どもはこのベビーシェマの力が発揮されて「かわいらしい」と感じる時期が，ちょうどハイハイを始めて歩き出す頃に重なるようです（根ケ山，1997）。つまり赤ちゃんにとっては移動ができる反面，危険なことも増える時期なので，大人の関心を集めて安全を守ってもらうというわけです。このように，人間の赤ちゃんは親に大切に育ててもらうための立派な戦略を備えて生まれてくると考えられているのです。（薦田未央）

▲かわいい
赤ちゃん時代

【文　献】
根ケ山光一（1997）．子どもの顔におけるかわいらしさの縦断的発達変化に関する研究　早稲田大学人間科学研究，*10*(1), 61-68.
ポルトマン, A. 高木正孝（訳）(1963)．人間はどこまで動物か──新しい人間像のために　岩波書店
ローレンツ, K. 丘 直通・日高敏隆（訳）(1978)．動物行動学（下）思索社

わたしの性格，言葉で表すと?

上賀茂神社にお散歩に来たこころちゃん。立派な大鳥居，ならの小川……緑がいっぱいです。出社していた真っ白な神馬（神に仕える馬）を見つめながら，「おとなしいね。そういう性格でないとこの仕事務まらないのかな……私だったらできるかな」と独り言。どうやら自分の性格について考えているようです。すると向山先生が「性格って，けっこう奥が深いんですよ」と声をかけてくれました。

上賀茂神社

▲出社中の神馬

▼細殿（ほそどの）と立砂（たてずな）

京都三大祭り「葵祭」でも有名な上賀茂神社，正式には「賀茂別 雷 神社（かもわけいかづちじんじゃ）」といい雷神が祀られています。いかづちは雷の古い言い方で，雷神が打ち鳴らすゴロゴロという音から「神鳴り」に転じたとされています。オノマトペ（擬音語・擬態語）は状況や状態を表し，形容詞や動詞として定着することも。ニコニコとにこやか，グズグズとぐずる……オノマトペは人の個人差や個性を表す語としても，日常的に使われています。

こころ

向山泰代
先生

「こころちゃん，ほんわかしてるよね」ってよく言われます。でもそれって，どういうことなんでしょうか？

「十人十色」「三者三様」……私たちは一人ひとりユニークな存在です。他者とコミュニケーションするときには，その違いを言葉で表そうとします。「ほんわか」もそうした言葉の1つです。私たちがふだん何気なく使っている言葉から，個人差や個性について考えてみましょう。

1 「自分らしさ」について考える

　この世界に，あなたとまったく同じ人は一人もいません。人はそれぞれに「その人らしさ」を持った個性的な存在です。一人ひとりの違い，すなわち個人差や個性は，心理学においても主要なテーマの1つとして古くから研究されてきました。体格や顔立ちといった身体面でも人は一人ひとり違っていますが，ここでは「**性格**」あるいは「**パーソナリティ**」という観点から，個人差や個性について考えてみましょう。

　近年，心理学の専門用語としては，人の全体性や統一性を表現する語として「パーソナリティ」を使うことが一般的になっています。ただし，日常では「パーソナリティ」よりも「性格」という語の方が馴染み深く，よく使っているかもしれません。そこで，ここでは2つの語を特に区別せず，「性格」という語で統一して話を進めます。本章では，まず性格の心理学について解説し，続いて性格を表現する言葉に着目した性格研究，特に擬態語による性格表現に関する研究を紹介します。これらの研究を通じて，こころちゃんの問いに迫ってみましょう。

2 性格の心理学

　私たちは日常的に，「怒りっぽい」とか「優しい」などの言葉で自分や他者

20

の性格について表現し，コミュニケーションをしています。また，「きょうだいなのに，これほど性格が違うのはなぜだろう？」とか，「こんな性格，もう変えてしまいたい！」などと思うこともあるでしょう。こういった私たちの日常での素朴な興味や関心は，性格の把握や記述，形成，変化の解明といった学問的な関心と重なっており，これが性格心理学の特徴ともいえます。

　人々の個人差や個性への関心は，心理学という学問が始まる以前から存在していました。その一例としてしばしば紹介されるのが，古代ギリシャの人々の性格を描写した『人さまざま』（テオプラストス，1982）という本です。哲学者テオプラストス（Theophrastos）によって書かれたこの本には，「けち」「お節介」など 30 余りの性格が紹介されており，みなさんもこの本を読めば，「そうそう，こういう人，私の周りにもいるよ！」ときっと頷くことでしょう。テオプラストスによる古代ギリシャの人々についての性格描写は，現代の日本で生活している私たちにも当てはまると感じられるものであると同時に，人々が今も昔も自分や他者の性格に関心を持ってきたことの証でもあります。性格心理学は古くて新しい学問であり，身近な学問でもあるといえるでしょう。

3　性格を表現する言葉の研究

[1] 行動から性格を推測する

　「人さまざま」の他にも，「十人十色」「各人各様」などの言葉がありますが，同じ冗談を聞いて面白いと笑う人もいれば，そうでない人もいて，同じ状況下

表 2-1　日常生活で自分と他者との性格の違いを強く感じた出来事や印象深い体験
（女子大学生 60 名の自由記述から一部抜粋）

グループで会話をする際にみんな楽しそうにお喋りをするなか，自分はあまり自分の話をせず，人の話をひたすら聞いていることが多かったとき。
友達と旅行の計画を立てている時，私は宿泊場所と列車の時間とメインで訪れたい場所以外は現地に行ってからぶらぶら決めれば良いと考えていたけど，友達は全ての予定を詳細に決めようとしていたこと。
交通量の少ない道路でも，赤信号で待つ私と赤信号を無視してわたる知人。
課題を早めに終わらせるか，提出期限ギリギリに課題をやって出すか，という性格のちがい。

おさんぽ2 わたしの性格，言葉で表すと？ 21

でも反応は人それぞれです。一方で，授業に遅刻しない人は待ち合わせにも遅れないなど，人それぞれに，ある程度の行動の一貫性がみられます。さて，人はどのような行動から，自分と他者との性格の違いを意識するのでしょうか。表2-1は女子大学生にこの質問をした結果の一部です。それぞれの出来事から，みなさんはどのような「性格を表現する言葉」を思い浮かべるでしょうか？

次の【Quiz】では，みなさん自身の性格についてお聞きしています。さて，どのような言葉や出来事を思い浮かべますか？

Quiz

1. あなたの性格を表現する言葉を1つ挙げてみよう！
2. その言葉から思いつく，過去の出来事を具体的に思い浮かべてみよう！

表2-1や【Quiz】からは，私たちが他者との相互作用の中で，観察された行動から自分や他者の性格について推測することを日常的に行っており，行動に表れた個人差や個性を性格として言葉で表現していることがわかりますね。ところで，「性格を表現する言葉」（以下，性格表現用語とします）は，「よりみちコラム 性格の類型論と特性論」（pp. 30-31）で紹介されている**特性論**——性格を「**特性**」と呼ばれる基本的な要素から構成されると仮定し，個々人が持つ特性の違いによって性格を捉え，記述しようとする理論——と深い結び付きがあります。なぜなら，日々繰り返される人々の行動やある程度安定した態度から推測される「活動性」「心配性」などの特性は，性格表現用語として私たちの日常のコミュニケーションにおいても使われているからです。このことから，私たちが日常的に使っている特性語を収集し，整理することを通じて，文化や言語を共有する人々の性格特性や性格構造を明らかにすることができると考えられます。

[2] 性格の語彙研究

特性語を分類整理することによって，性格を構成する基本的な特性を見出そうとする方法を「**心理語彙的研究**（psycholexical approach）」と呼んでいます（以下，語彙研究とします）。性格表現用語を研究する背景には，「人を理解し，表現し，伝え合うために性格表現用語が生まれ，社会の中で流通する。そして，

重要な性格特性は必ず自然言語に符号化されているはずだ」という考えがあります。少し噛み砕いていうなら，人の性格の表現は人々がふだん使っている言葉に反映されており，重要な性格についての表現はそれらの言葉のなかに必ず含まれているはずだ，という考え方で，これを「**基本語彙仮説**（fundamental lexical hypothesis）」と呼んでいます。

この考えに従えば，言葉はそれを使う人々の文化，社会などを映し出しているため，性格表現用語の分析を通じて，その言葉を使う人々の性格の捉え方や文化，社会の特徴が見えてくるはずです。こうして，性格表現用語を集めて分類整理し，基本的な性格特性や性格の構造を解明しようとする語彙研究が実施されてきました。性格表現用語を集めるために，質問紙や面接などの調査を行ったり，あるいはブログのような投稿文を利用することもできますが，語を網羅的に収集する有効な素材として，これまで多くの語彙研究で辞書が使用されてきました。

語彙研究の歴史における初期の重要な研究は，オールポートとオドバートによって行われました（Allport & Odbert, 1936）。彼らはウェブスター社の1925年版の辞典から，「ある人の行動から別の人の行動を区別できる」という基準に沿った17,953語を選出し，さらにそれらの語を4つのグループに分け，特性語のグループに分類されるものが4,504語であることを示しました。その際，現時点での活動や一時的な状態や気分，評価語は特性語とは異なるとして，別のグループに分類しました。このときに選出された特性語のリストは，後にキャテル（Cattell, R.）によって性格を構成する基本特性を探索する際に使用されるなど，オールポートとオドバートによる研究は，その後の特性論の研究に大きな影響を与えました。

オールポートとオドバートの研究を踏まえ，日本では青木（1971）が『明解国語辞典』（88版，6万6千語収録）を用いて，日本語による語彙研究を実施しています。青木（1971）では，「ひとあるいはひとの状態を，他のひとまたは他のひとの状態と区別するのに用いられる言葉を選ぶ」という基準に沿って3,862語が選出され，それらの語はオールポートとオドバートの研究に倣った4つのカテゴリーおよび「印象」カテゴリーの5つに分類されました。3,862語のうち60％以上の一致率（分類者6名中4名以上の一致）で特性語のグループに分類された語は517語であったと報告しています。この後に出版された『個

性表現辞典』では，約 2,400 語の特性語を 14 のカテゴリーに分類し，個性の把握と表現のための資料としました（青木, 1974）。青木によるこれら性格表現用語に関する一連の研究は，日本における語彙研究の先駆けといえるでしょう。

　続いて，辻（2001a, 2001b）の研究を紹介します。この研究では『広辞苑』（第 5 版，23 万語収録）から，23 名の研究者らが 13,198 の性格表現用語を選出しました。これらの語には古語や難語なども含まれていることから，さらに日本語を母国語とする普通の大人に「通じるか」「分かるか」「使うか」について尋ね，一定の基準（3 段階評定の平均値が 2.5 以上）を満たした語のみを選出したところ，3,779 語であったと報告しています。この研究で見いだされた性格表現用語はデータベースとして公表され（辻, 2001b），その後の性格研究での基礎的資料として活用されています。

　上記以外にも英語や日本語による複数の語彙研究が，また英語や日本語以外の言語についてもいくつかの語彙研究が実施されています。1980 年頃から注目されるようになったビッグ・ファイブと呼ばれる 5 つの因子は，性格を包括的に捉え理解する次元と考えられていますが，このビッグ・ファイブの発見も，英語による語彙研究の過程で繰り返し 5 つの因子が見いだされたことがその発端です。以降，ビッグ・ファイブを参照枠としながら，言語や文化などを超えて確認できる普遍的な特性とはどのようなものか，言語や文化による固有の特性が見いだせるのか，見いだせるとすればそれはどのような特性なのか等々，さまざまな研究や議論が続けられています。

4　擬態語による性格表現について考える

[1]　性格を表現する擬態語への関心

　辻（2001a, 2001b）の性格表現用語のデータベースを確認すると，多くの性格を表現する**擬態語**が含まれていることがわかってきました。「日本語には擬態語による性格表現が多く含まれているが，これらの擬態語を分類整理すると，どのような特性がいくつ見いだせるのだろうか？」「日常での対人関係の中で，性格を表現する擬態語はどのような機能や役割を果たしているのだろうか？」といった新たな問いが生まれ，擬態語による性格表現に関心を持つ研究者達に

よる共同研究が開始されました。

　ところで，擬態語とはどのような言葉なのでしょうか。擬態語は擬音語とあわせて，**オノマトペ**と呼ばれています。オノマトペと総称されるように，擬態語と擬音語には共通点が多いのですが，一般に擬態語は事物の状態や様子を模写して音声化した語であり，擬音語は物の音や人・動物の声などの音声を模写して表した語と説明されます。いずれも人の感覚印象を表現した語といえますが，擬音語は耳で聞いた音や声を表現した語であり，五感（視覚・聴覚・嗅覚・味覚・触覚）の中では聴覚と最も関連が深いといえるでしょう。一方，擬態語は目で見たり皮膚で触れたりすることを通じて，事物の状態や様子を捉えて表現した語です。視覚や触覚といった聴覚以外の感覚や身体イメージとも関連しており，もともと感覚表現に使われていたものが，感情や心情などの「心の状態」を示すものに転化したと推定されるものも多いといわれています（苧阪, 1999）。

　音韻や形態から擬音語や擬態語をみると，大部分が一音節ないしは二音節の語基をもち，語基に促音「ッ」や撥音「ン」，あるいは「リ」をつけたり，母音を「ー」と長音化したり，語基を反復したり，といった特徴があります（田守, 1993）。そして，文中では，主として動詞を修飾する副詞として用いられています。例えば，「あっさり（謝る）」「でれーん（と座る）」「おどおど（話す）」などの例を挙げると，擬態語が味覚や視覚などの身体感覚と結びついていることや，その音韻や形態，使われ方の特徴がわかるでしょう。

　擬音語・擬態語は感覚や身体行動とつながりが深いゆえに，イメージ喚起力の強さが示唆されることもあります。加えて，対象を指し示す通常の語に比べて，擬音語・擬態語は語義（言葉の意味）が明瞭ではなく，意味を具体的に説明するのが難しいためか，学術的な文書や格式ある場で使用される機会は少なく，主に日常生活場面で使われる言葉といえます。例えば，身体トレーニング場面（体を「のびのび」動かしてみよう，など）や，医師に体調を伝える場面（喉が「ぴりぴり」痛む，など）を思い浮かべてみてください。

　さらに，擬音語・擬態語は対象について分析的に説明するというよりも，対象についての印象を感覚的に表現することから，幼い子どもから大人まで，年齢を問わず使われる言葉といえるでしょう。文学作品，広告，絵本，アニメな

どでも擬音語・擬態語は多く使われ，生き生きした描写で読者を楽しませてくれています。こころちゃんがよく言われるという「ほんわか」も擬態語の1つですね。さて，この後は擬態語による性格表現に関心を持つ研究者たちの問いに関連した研究を，順に見ていくことにしましょう。

[2] 性格を表現する擬態語を分類整理する

　擬態語の性格表現を分類整理すると，どのような特性がいくつ見いだせるのでしょうか。小松ら（2012）は，辻（2001b）の性格表現用語のデータベースから選出した擬態語をもとに，因子分析という統計的な手法を用いて表2-2に示す**性格擬態語尺度**（10項目×6下位尺度，計60項目）を作成しました。その後，性格擬態語尺度は30項目の短縮版も整備されました（酒井ら，2015）。性格を表現する擬態語を分類整理すれば，表2-2に示した6つの性格特性にまとめることができるといえるでしょう。

　性格を把握し理解する包括的な枠組みであるビッグ・ファイブとの関連を調べたところ，表2-2の上段にある3つの特性「臆病さ」「几帳面さ」「不機嫌さ」はビッグ・ファイブ特性との関連が相対的に強く，意味内容に重なりが見られました。一方，下段にある3つの特性「緩やかさ」「淡白さ」「軽薄さ」はビッグ・ファイブとの関連が相対的に弱く，独自の意味内容を持つ可能性が示されました（小松ら，2012）。つまり，「緩やかさ」「淡白さ」「軽薄さ」はビッグ・ファイブでは捉えにくく，擬態語で表現することによって，より明確になる性格の側面であると考えられます。

表 2-2　**擬態語性格尺度の性格特性と項目例**（小松ら，2012に基づき作成）

性格特性	性格を表現する擬態語（性格尺度の項目）例
臆病さ	おどおど・くよくよ・もじもじ　など
几帳面さ	きっちり・しっかり・びしっとする　など
不機嫌さ	いらいら・ぶすっとした・かっとなる　など
緩やかさ	ほんわか・のんびり・おっとり　など
淡白さ	さっぱり・あっさり・さばさば　など
軽薄さ	でれでれ・べたべた・ちゃらちゃら　など

[3] 性格を表現する擬態語の機能や役割

　「緩やかさ」「淡白さ」「軽薄さ」の３つの特性に注目することで，擬態語による性格表現ならではの機能や役割が見えてくるでしょう。以下では，こころちゃんの性格を表現する語である「ほんわか」を含む**「緩やかさ」特性**に関する研究結果から，性格を表現する擬態語が日常の対人関係において果たす機能や役割について考えてみましょう。

　みなさんは，親しい友人とともに行動する場面で友人をリードすることが多いですか，それとも，友人にリードされるフォロワーになることが多いですか？ 小松ら（2016）は，大学生を対象に親しい友人ペア間でのリーダー／フォロワー認知と擬態語による性格認知との関連を調べました。その結果，友人ペア間で「友人がリード」と認知した者は，自分の性格を「臆病（おどおど，くよくよ，など）」「緩やか（ほんわか，のんびり，など）」と評価し，友人の性格を「几帳面（きっちり，しっかり，など）」「淡白（さっぱり，あっさり，など）」と評価していました。逆に「自分がリード」と認知した者は，友人の性格を「緩やか（ほんわか，のんびり，など）」と評価していることがわかりました。

　つまり，親しい友人関係におけるリーダー／フォロワーの役割が，自分や友人をどのような性格と認知しているかに結びついていると考えられます。擬態語によって捉えられた性格が，日常の対人関係の中で的確に機能していることを示す結果といえるでしょう。こころちゃんは「ほんわか」しているよね，とよく言われるそうですが，この結果を踏まえると，親しい友人とペアで何かを決めたり行動したりする際には，友人がリーダーとなり，こころちゃんがフォロワーとなることが多いのではないでしょうか。

　先の表2-1や【Quiz】では，自分や友人の行動と性格表現用語との結びつきについて考えました。以下では，どのような行動が擬態語で表現される性格と結びついているのかを，女子大学生 33 名のインタビューを分析した研究から探ってみましょう。インタビューでは，擬態語性格尺度を用いて親しい友人の性格を評定した結果から，評定値が高い２語を選び，その擬態語に当てはまる友人の具体的な行動や特徴的なエピソードについて尋ねました。また，友人の行動やエピソードに対して自身がどう反応し，どのような感情や印象を抱いた

おさんぽ2　わたしの性格，言葉で表すと？　　27

表 2-3　「緩やかさ」「淡白さ」「軽薄さ」特性の意味内容（西岡ら，2018 に基づき作成）

緩やかさ	淡白さ	軽薄さ
行動のペース・テンポの緩慢さ 対人面での受容性・控えめさ・優しさ 注意の散漫さ・抜け	ネガティブ感情からの転換 関心の継続性の弱さ 他者との距離	ポジティブ感情の表出・誘出 反応・表出の過剰さ・強さ 協力者の理解からのズレ
友人の「緩やかさ」について語った者は 15 名。選出された語は，ほんわか・おっとり・のほほん等の 16 語。	友人の「淡白さ」について語った者は 11 名。選出された語は，けろり・あっさり・さばさば等の 11 語。	友人の「軽薄さ」について語った者は 12 名。選出された語は，にこにこ・きゃあきゃあ言う・うきうき等の 12 語。

かなどについても尋ねました。インタビュー内容を書き起こした資料をもとに，「緩やかさ」「淡白さ」「軽薄さ」の擬態語性格特性の意味内容をまとめたものが表 2-3 です。

　表 2-3 のうち「緩やかさ」特性に着目し，この特性の 3 つの意味内容を見てみましょう（向山ら，2017）。まず，1 つめの「行動のペース・テンポの緩慢さ」としてまとめられたのは，動作や反応の遅さ・焦らなさについてであり，このような友人の行動に言及した人は 7 名と数が最も多く，食事や移動のスピード，手紙やメールの返信，会食でのメニュー決定，遅刻といった例が挙げられました。また，提出物への取組み態度，学校に来ないなどの行動から「マイペース」を挙げた人も 3 名いました。これらの行動に対し，「せかせかしてない」「急かされない」とポジティブな捉え方がある一方で，「のんびりし過ぎ，遅い」「自分に迷惑がかかるんだったらちょっと，と思う」といった批判や嫌悪に近い感情や，「待たせる」「予定が決まらない」「揉める」「怒らせる」など，対人的な揉め事を想起した人もいました。また，「大丈夫かな」「ドキドキ」「心配になる」「お節介に言ってしまう」といった発言もあり，遅さや焦らなさといった行動が，他者の心配や焦燥感情，援助行動を喚起することも示されました。その他，話し方や受け答えのペース・テンポを挙げた人も 5 名と多く，それに対して「落ち着く」「一緒にいて安心」「一緒にいて楽」「知的過ぎず，冷たく感じない」「厳しくない，きつそうな雰囲気でない」といったポジティブな感情や印象が語られました。

2つめの「対人面での受容性・控えめさ・優しさ」には6名の語りが含まれ，なかでも「話を聞く」行動を挙げた者が3名と多く見られました。その他，「きつく話をしない」「怒らない」「ニコニコ」「大人しい」「私の半分後ろにいつもいる」「気配りが細かい」などの行動や，「柔らかい」「何でも受け入れてくれる」などの印象もありました。これらに対し，「なごむ」「落ち着く」「接しやすい」「話しやすい」「一緒にいて気を遣わない」「居心地が良い」などのポジティブな感情や印象とあわせ，友人間の揉め事が予測される場面で，「周囲を和やかにする」「問題が起きずに済む」「助かる」「険悪な雰囲気にしない」など，緩やかな人の存在が緊張緩和をもたらす可能性が示されました。

3つめの「注意の散漫さ・抜け」には4名の語りが含まれました。「しゃべっているときに聞いていない」「しゃべっているのに我関せず」「授業中にあたったのに気づかない」「当番を把握していない」「人に言われて気づく」などの行動が繰返し生起することが語られ，これらに対し，「ちょっとだけイラッと」「トンチンカン」「能天気」「完璧人間じゃない」「つっこめる感じがすごくいい」「もう，しょうがないな，みたいな感じ」などの感情や評価に加え，「発破かけたくなる」「お姉さんみたいな気持ちになる」「世話をしてあげたくなる」などの発言があり，援助や保護に関わる感情や行動が誘発されることが示されました。以上に加え，旅行や遊びの際に計画を立てない自在さ，落着きや冷静さ，丸々した・派手でないなどの見た目（各2名），よく寝る・ゴロゴロなどの非活動性（1名）への言及も見られました。

以上の結果をまとめると，表2-3に示した「緩やかさ」特性の3つの側面はそれぞれ異なっており，擬態語が示す意味内容が広汎であることがわかりました。また，「緩やかさ」は周囲の人々にポジティブとネガティブ両方の感情や評価を生じさせ，援助・保護・世話に関連する感情や行動を喚起すること，緩やかな人の存在やその行動が対人場面でのトラブル抑制や緊張緩和といった積極的機能を果たす可能性があることが示されました。「ほんわかしてるよね」ってよく言われるこころちゃん，自身の「緩やかさ」がどのような行動と結びついているのか，「緩やかさ」に対する周囲の人の感情や印象などについて，わかったことがたくさんあったことでしょう。

5　おわりに

　性格を表現する言葉に着目した性格の研究，特に擬態語による性格表現の研究について，①性格を表現する擬態語を分類・整理すると6つの擬態語性格特性が見いだされたこと，②6つの特性のうち，「緩やかさ」「淡白さ」「軽薄さ」特性はビッグ・ファイブでは捉えられない独自の意味を持ち，擬態語で表現することでより明確になる性格の側面があること，③擬態語性格特性は複数の意味を包含し，意味内容が広汎であること，などがわかってきました。

　特に「緩やかさ」として表現される性格は，周囲の人々にポジティブとネガティブ両方の感情や評価を生じさせ，援助・保護・世話に関連する感情や行動を喚起すること，「緩やか」な人の存在やその行動が，対人場面でのトラブル抑制や緊張緩和といった積極的機能を果たす可能性があることなど，「緩やか」な人のあり方が対人関係の中で積極的に意味付けられ，一定のポジティブな評価や価値が保持されていることが示唆されています。このような知見は，擬態語という観点から性格を研究することによって得られたものといえるでしょう。

　最後に，こころちゃんからの問いかけに戻ってみましょう。自分や他者の性格について考えることは日常的な行為なので，意識せず「わかった」「知っている」と思いがちです。こころちゃんのように「それってどういうことなんでしょう？」と問いかけることは，実はとても大切なことです。いったん，「わかった」「知っている」と決めつけてしまうと，他の見方や考え方があるかもしれないこと，自分の見方や考え方に誤りや偏りがあるかもしれないこと，見方や考え方が変わっていくかもしれないこと，などに気づきにくくなるでしょう。自分や他者の性格を複雑で多面的なものとして捉えることによって，人や人を取り巻く世界への理解が深まっていきます。性格について「わかった」「知っている」と思うことは手っ取り早く楽なのですが，時間や負担がかかっても，みなさんはこころちゃんと一緒に「それってどういうことなんでしょう？」と考え続けてみてください。

　もう1つ，性格について考える際に気を付けたいことがあります。それは，「良い‐悪い」の評価とは異なる視点から個人差や個性について考える，という姿勢です。性格の評価は見る人や状況によって変わります。例えば，おしゃべり

な人はパーティなどでは「賑やか」「場が盛り上がる」など評価が高くなったとしても，静かな相談の場では「うるさい」「話を聞かない」など低い評価になるかもしれません。性格そのものに良し悪しがある訳ではありません。一人ひとりの性格の違いを，良し悪しとはできるだけ切り離して考えてみることを心がけてください。

性格の類型論と特性論

　人それぞれで複雑な性格へのアプローチとして，このコラムでは性格の類型論と特性論を紹介します。まず，類型論について。一般に類型論とは，何らかの観点から典型となるいくつかの類型（いわゆるタイプ）を定め，その類型に当てはめることで対象を説明し理解しようとする考え方です。日々の生活を振り返ってみると実感できると思いますが，ごちゃごちゃして見えるものを「分類する」ことは，その対象を理解するための便利な方法ですよね。性格の類型論も，典型的な特徴をもとに性格を分類，あるいはタイプ分けすることによって，人の性格の説明や理解を目指します。分類という手段は，古くギリシャの時代から主としてヨーロッパにおいて性格の説明や理解に用いられてきました。

　類型で性格を記述すると，人物の全体像が捉えやすく伝達もしやすいことから，類型論はその人となりを把握し，記述する上で有用なアプローチです。しかし，性格の多様性を考えると，類型論が示す典型にぴたりと合う人はあまりいないでしょうし，典型から外れた特徴を見逃してしまうかもしれません。また，性格の発達や変化を考えると，類型に当てはめることで見方が固定化したり，発達や変化を見逃したりする可能性もあります。さらに，各類型論が独自の理論的背景を持つために，各類型間の関係が理解しづらい，経験や直観にもとづく分類は実証性や客観性が乏しい，といった点が類型論の問題点として指摘されてきました。

　続いて，特性論についてみてみましょう。特性論とは，性格は特性と呼ばれる基本的な要素から構成されると仮定し，個々人が持つ特性の違いによって性格を捉え，記述しようとする考え方です。ヨーロッパでは類型論のように性格を全体として捉える伝統がありますが，アメリカでは性格を要素の集まりとして捉える分析的・構成的な考え方が支持され，特性論として発展してきました。

　性格特性（以下，特性とします）そのものは直接観察されるものではなく，繰り返される行動やある程度安定した態度から推測され，構成されるものです。例えば，「いつも忙しくしている」とか「小さなことにくよくよしやすい」といった行動や態度は，活動性や心配性という特性による性格理解へと結びつくことになります。私たちが日常で

使っている「活動性」「心配性」といった言葉は特性を表現するものですが，個人差研究における性格の差異とは，これらの特性を個々人がどの程度持っているかという量的な違いによると考えます。

特性論では，複数の特性を組み合わせることで性格を多面的，かつ詳細に捉えることができます。また，複数の特性で性格が構成されると考えると，特性の一部が変化したり特性によって変化の様相が異なったりすることも想定できるため，性格に対する固定的で静的な見方に結びつきにくく，性格の発達や変化を検知しやすいと考えられます。これらは特性論の優れた点といえますが，一方で，特性という要素の組み合わせからは，性格の全体像を把握したり伝達したりすることが難しいという意見もあり，これが特性論の問題点とされています。さらに，性格の把握や記述のために必要かつ十分な特性の数やその内容については，研究者の間で未だ合意には達していません。このことが特性論による性格理解を難しくしている，という批判もあります。（向山泰代）

うまく言葉にできない気持ちを表現するには?

こころちゃんは少しだけ"歴女"。今は戦国時代が好きで,徳川家康を推してます。家康がバックアップしていた本阿弥光悦(ほんあみこうえつ)という人が,鷹峯に芸術村を作っていたと聞いて,自転車で行ってみることに。急な坂を自転車を押しながら上り詰めると,光悦寺に到着です。美しい紅葉の中で意匠をこらした光悦垣をぼんやり眺めていると「言葉がなくても伝わるものってあるよね」と佐藤先生が隣でつぶやいていました。

鷹峯(たかがみね) 光悦寺(こうえつじ)

▶光悦寺の参道

◀菱形と曲線が美しい光悦垣

造形芸術の一流派「琳派(りんぱ)」創始者の一人である本阿弥光悦は,家康から拝領した鷹峯の地に芸術家や工芸職人を集め芸術村を作りました。光悦寺は本阿弥家の位牌堂の跡に建てられたお寺です。アートは作品であると同時に作者自身を映す表現。心理療法でも,描画,陶芸,音楽などが取り入れられており,箱庭,コラージュのように素材を枠や紙面の中に配置することで心を映し出す方法もその1つ。カウンセラーとの関わりの中で展開していくこともあり,言葉を介するカウンセリングとは異なる妙味が生まれます。

おさんぽ3　うまく言葉にできない気持ちを表現するには？　33

こころ

"わたし"のことは一番よくわかっているはずなのに，伝えたい気持ちを言葉では伝えきれないことがあります。うまく伝えられない"わたし"を表現する方法はありますか？

佐藤睦子
先生

伝えられるわたしの気持ち，伝えられないわたしの気持ち……"わたし"の気持ちは，言葉だけでは表現できないのかもしれませんね。ここでは，カウンセリングの中で言葉ではない表現を通じて現れる"わたし"について，アプローチ方法とともに紹介しましょう。

1　伝えたい気持ちと，伝えたくてもうまく伝わらない気持ち

　長きにわたり日本のポップスでは，「言葉にできない」という歌詞がよく使われてきました。私の大好きなアーティストさんも歌っています。こころちゃん，自分の気持ちをうまく言葉にできないときには，どのように相手に伝えましょうか。

　言葉から少し離れますが，今から120年ほど前の1900年頃，ドイツにジグムント・フロイトという精神科医がいました。フロイトは，心に病気を抱えた患者たちに会っているうちに，人の心には「**無意識**」という領域があるのではないかと考えるようになりました。フロイトの有名な言葉に「夢は無意識への王道である」というものがあります。こころちゃん，夢を見ることはありますか？　覚えていなくても，今日は夢を見た，と思う朝があるかもしれません。フロイトは，夢は，夢を見る人の無意識が見せているものだと考えました。

　「無意識」とは「意識に浮かんでいないもの」で，自分がわかっている自分とは，少し遠いところにあるとも考えられます。こころちゃんが言葉を使って伝えたいと思う「わたし」は，比較的意識に近いものだと考えられています。意識から少し遠いところにある気持ち，すなわち，「無意識」を表現するために，これまでさまざまな方法が見いだされてきました。その1つに，芸術療法があります。

こころちゃん，ここでは言葉で表現する方法を使っていないカウンセリングを紹介しますね。

2 言葉以外の方法で「わたし」を表現する

[1] 芸術療法のあれこれ
1) 箱庭療法

箱庭療法は，砂の入った箱にミニチュアを置いて，自分の世界を自由に表現する方法です。もともとは，スイスのドラ・カルフという人が子どもとの遊びの中で使っていた方法です（カルフ，1972）。同時期，スイスに留学し，箱庭療法と出会った河合隼雄が帰国後，日本に紹介し，1970年頃から学校の先生たちを中心に広がっていきました（河合，1969）。箱庭療法は，教育センターや病院で行われました。徐々に行われる領域が広がり，今では中学校のカウンセリングルームに設置されているところもあります。

その例として写真（図3-1）を示します。

箱庭療法の箱は，内側が水色に塗られていて，そこに砂が入っています。砂を掘ると水が出てくるイメージです。ミニチュアは，特に決まったものはなく，カウンセラーが必要だと考えたものを集めていきます。木村（1985）は，ミニチュアをカウンセラーが制作することも提案しました。

図 3-1　箱庭療法で使用されるミニチュアと砂箱

このように，箱庭療法は，相談に来られた方（以後は，「クライエント」と呼びます）だけでなく，相談を受けるカウンセラー自身も自由な態度が求められる療法でもあります。箱庭を実際に置いてみました（図3-2）。

砂を水で湿らせることもありますし，そうでないこともあります。それは，クライエントとカウンセラーの関係によって決まります。写真では，少し湿らせた砂を使いました。砂が湿っていると，形が作りやすいので，表現の幅が広がります。

カウンセラーは，作られた箱庭を解釈します。河合は，箱庭の「左の方はその人にとっては「内界」とかあるいは暗さとか，そういうものであって，右の方が開けている「外界」とかいう感じがある」と述べ，箱庭に表現されたクライエントの世界を理解しようとしました（河合・中村，1984）。河合のいう「内界」

図3-2 実際にミニチュアを用いて置いた箱庭の例

とは，簡単にいうと，自分の心の内側の世界で，「外界」とは心の外側の世界です。「外界」には，自分の家族や友人，置かれている環境などが含まれます。

クライエントがカウンセリングの中で継続して箱庭を置くときには，その変化を解釈することもあります。どちらかというと，この解釈の方がクライエントの気持ちに沿っている場合が多いです。箱庭療法は，カウンセリングにおいて非常に有効な療法ですが，クライエントに無理強いしてはいけません。できれば，クライエントもカウンセラーも箱庭を楽しむことが大事だと考えています。

2）コラージュ療法

コラージュ療法は，森谷寛之が始めた方法で，いくつかのやり方があります（森谷，2012）。1つは，雑誌やパンフレットから気になる写真を切り抜いて，自由に画用紙に貼って表現する方法です。本を切り抜くときに，はさみのざくっざくっとした感触が楽しいというクライエントもいます。これをマガジン・ピクチャー法といいます。もう1つは，あらかじめクライエントが使えるような切り抜きをカウンセラーが切り抜いておく方法です。クライエントが使いやすいように，切り抜いた写真は箱に入れておきます。箱に入れるのでボックス法といいます。ボックスの内容は，カウンセラーによってさまざまに異なります。箱庭療法で，カウンセラーがアイテムを作ったりそろえたりするのに似ていますね。

コラージュ療法も，箱庭療法と同じように解釈することができます。また，

この療法も，箱庭療法と同じように無理強いすることなく，クライエントとともに楽しむことができると，より効果的であると考えられます。

3）その他の芸術療法

　精神科クリニックのデイケアや高齢者の福祉施設などでは，他にも非言語の療法が取り入れられています。

　音楽療法といって，音楽を奏でたり，歌ったり，好きな音楽を聴いたりする方法があります。車いすにうずくまっていたおばあさんが，歌を歌うときにはシャンと背が伸びて，大きな声で歌っているのを見て驚いたこともあります。音楽の持つ力はとっても大きいです。

　また，園芸療法では，花や野菜，果物を育てます。植物が育つのには時間がかかるので，その成長を楽しみにするクライエントもいました。植物を育てていると，種まき，水やり，間引き，堆肥の追加，雑草取りなどたくさんのお世話が必要です。太陽のもと，決して楽ではない作業を一緒に行うことで，クライエントとの一体感を味わったり，「小さい頃も，お母さんと畑に行っていたのよ」と昔話をしてくれたりします。そのプロセスを経て野菜を収穫すると，スーパーの野菜よりもずっと愛着がわくんですね。そして，とっても美味しいのです。

　他にも芸術療法はたくさんあります。墨を擦って心を整えて，半紙に向き合って字を書く書道療法，季語を使って言葉を選ぶ俳句療法，身体を動かすことを通じて心を活性化させるダンス療法など，さまざまな方法が行われています。

[2] カウンセラーの態度について

　芸術療法は，言葉を使わない表現が多いので，カウンセラーの態度がとても大切です。カウンセリングに来た人は，自由に自らの世界を表現していきます。ここでとても大切なのが，カウンセラーの態度です。

　こころちゃんも，言葉でお話するときには，相手の人がしっかり聞いてくれると話しやすいですよね。言葉を使わない療法も同じです。自分の世界を表現しているときに，つまらなそうな顔をされたり，早く終わらないかなあ，なんてイライラされたりして，受け入れられていないことがわかると自由な表現ができません。カウンセラーは，どんな表現も受け入れようとする態度を取る必

要があるのです。それは，言葉を使わないからこそ大切な態度であるともいえるでしょう。

3　コラージュ療法を通じて伝えられること

　森谷（2012）は，コラージュについて「**持ち運びのできる箱庭**」と表現しました。持ち運びができるのは，とても実用性のあるアプローチといえるでしょう。私がスクールカウンセラーとして働いていたとき，コラージュ療法は，とても有効な方法でした。スクールカウンセラーは，職員室に机はありますが，1週間に1度の勤務で，いつでも使用できる箱庭のようなツールは，学校には置かれていないことが多いです。これが，病院で働いていたときとの大きな違いでした。

　私は，学校での仕事を中心としながら，病院でもできるだけたくさんの場所でたくさんのクライエントに非言語の表現をしてもらいたいと考えて，コラージュ療法をさまざまな場面に持ち運んで試行してきました。学校に行きづらい児童生徒が通う適応指導教室に雑誌をたくさん持ち込んで，子どもたちと一緒にコラージュを楽しみました。京都ノートルダム女子大学（以下，本学）の授業でも，学生がコラージュ療法を体験する実習授業を担当しています。ああだこうだとおしゃべりしながら，みんなでコラージュを作っていくのは，私にとっても，とても楽しい授業です。

　また，病院でも，グループでコラージュ療法を行いました。大きなテーブルの真ん中に古い雑誌を積み上げて，患者とスタッフでコラージュを作成しました。箱庭療法も言葉を使わない方法ですが，グループで行うことは難しいものです。けれども，コラージュ療法を用いると，自然な形でグループ療法を行うことができます。

　グループでのアプローチに関しても，コラージュ療法では，クライエントそれぞれが自由に表現して，自分の問題に直面していくプロセスが見られます。これについては，佐藤（2023）に詳しく書きました。

　この後，持ち運びできるコラージュの特性を十分に生かして，屋外で行われたコラージュ療法について述べていきます。

[1] がん患者チャリティイベントでのコラージュ

　10年ほど前，私は勤務先の先生に誘われて，がん患者のチャリティイベントにボランティアとして参加しました。私は，これをきっかけに，毎年このイベントにボランティアとして参加しています。

　イベントは，ボランティアの実行委員が中心となって，長い間準備をして行われます。イベントの参加者は，がん患者，かつてがん患者でありすでに治療を終えた元患者，がん患者の遺族とボランティアです。実行委員（ボランティア）は，さまざまな職種であり，それぞれの立場を生かして，がん患者や元がん患者のために役立つ活動を考えていました。

　がん患者が来るため，万が一，体調を崩した場合を考慮して看護師が配置されるブースがあります。患者の食事について考えるために栄養指導の専門家のブースもあります。他にも，闘病されてきた患者の手記を置いているブースやかわいい手作りの手芸用品を販売するブース，子どもたちが喜ぶような夜店に似たブースなども出ています。ステージでは，がん専門医が病気についての講演を行います。さらに，地域の人がこれまでの練習の成果を発表するステージも花を添えてくれます。まるで，お祭りのような楽しいイベントです。

　私たちは，実行委員にコラージュの意義について説明をし，許可を得て，このブースの1つを借り「語らいの場」と名付けました。そこで「コラージュを作りませんか」と書かれたチラシを作って，グループでコラージュ療法を行うことを考えました。がん患者，元がん患者，遺族にとって，病気であること，病気である家族を持ったことは，非常に複雑な感情が生じるものと思われます。そして，それは生命にかかわる重い問題をはらんでいます。言葉にならない感情も存在していることでしょう。そこで，言葉ではない方法で自らの内面を表現すると，重く複雑な感情を改めて振り返る機会になるのではないかと考えました。コラージュを作る体験は，これまで気づかなかった自らの感情に気がつき，新たな歩みを始める一助となるかもしれないと思ったからです。

　そこで，ボランティアとして参加希望をした本学心理学研究科の大学院生たちと一緒に準備を行いました。グループで行うコラージュのためには，雑誌を切り抜くマガジン・ピクチャー法が適していると判断しました。ゼロからの準

備であったため，雑誌を見に行った大学院生と一緒に，こんな雑誌は使えそう，これもいいんじゃない，と悩みながら幅広いジャンルの雑誌を購入しました。その量はスーツケース4つ分となりました。それを分担して会場に運び，テーブルに山のように積みました。

　イベントが始まると，大学院生と手作りのチラシをもって「コラージュを作ってみませんか」と呼びかけ，コラージュ作成を希望する参加者を募りました。希望者が5〜6名集まったところで1つのグループとして，90分間コラージュを行います。グループが終了すると，また次の希望者5〜6名を募ります。このようにして，できる限りたくさんの希望者とコラージュを作りました。

　まず，5分ほどコラージュ療法に関する説明を行います。その後，10分ほど参加者が自身の病状も含めて自己紹介を行います。なお，病状についての語りは無理強いされません。グループに参加する人たちは，ほとんどがん患者だったので，病状や治療についてさまざまなお話を聞くことができました。その後，60分間ほどボランティアの大学院生がマンツーマンでサポートを行いながら，コラージュを作成します。コラージュが完成すると，作成者から説明を受け，全員が労いの拍手をしました。

　コラージュを作成しながら，参加者は，病気の経過や受けた治療に関する話をしています。グループは，病気に関する体験を共有できる場となっていきました。

　病気の治療が一段落して，これから好きなことができる，という思いを示すために，コラージュに大きな飛行機の切り抜きを貼った人がいました。治療の大変さと治療後の安堵が感じられて，とても前向きなコラージュができました。また，一緒に治療をしていた友人が亡くなってしまって，その人が行きたかった出雲大社の大きなしめ縄の切り抜きを貼った人がいました。しめ縄の下には，手の中にそっと灯されたろうそくの切り抜きが貼られていて，生命を大切に守っていきたい思いが表現されました。その参加者に対しては，一緒に参加したスタッフが丁寧に話を聞きました。グループで，同じ治療をしていた参加者を見つけて，治療薬についてもっと話がしたいと別のテントに移り，話を続けた人たちもいました。

　終日行われるイベントのため，昼間から始めて夜まで全員がグループに関

図3-3 語らいの場のブース

わって，コラージュを用いた非言語表現を手伝いました。写真は，夜の風景です（図3-3）。

　がん患者がコラージュを作成する意義は，自分の気持ちに向き合い，気づき，その後の生きる視野を広げる一助となります。さらに，病気によって陥りやすい孤独から抜け出す希望を伝えることができるものと考えています。

[2] がんで亡くなった在校生を偲ぶイベントでのコラージュ

　前述のチャリティイベントが，通常と少し異なった形で学校を会場として行われたことがありました。それは，その学校に在籍していたK君を偲んで行われたものです。K君は，中学生のときにがんを発症し，治癒と再発を繰り返しました。寛解して元気になったときには，体育系のクラブに励んでいました。勉強が好きで，入院している間も勉強がしたいと行政に直訴したこともあります。そんな，とても活動的な人でした。ところが，病気が急変し，大学入学を目前とした高校在学中に亡くなってしまいました。

　K君は，がん患者のイベントに出席して，とても感銘を受け，在籍校での開催を望んでいたと聞きました。残念ながら，K君自身がイベントを主催することはできませんでしたが，遺志を継いだ両親，学校の先生や生徒が積極的に実行委員として準備していました。

　このイベントでも，コラージュ療法を行う許可をもらいました。ここでは，一般の方だけではなく，在校生，卒業生，教員，保護者などの参加が見込まれたため，私たちは，彼を亡くした思いについて，コラージュを用いて表現し，気持ちを伝えてほしいと考えました。そこで，「K君を偲んでコラージュを作りましょう」という手作りのチラシを作り，コラージュ作成の希望者を募りました。

　グループは，コラージュで自らの気持ちを表現したいという希望のあった

10名程度を1グループとしました。コラージュを行う時間は90分で，前回のイベントと同じです。前回との違いは，参加者の多くが身体的に健康な人たちだったことです。しかしながら，K君を亡くした喪失感をともにしている人たちでした。

　方法は，最初にコラージュに関する説明を行います。その後，参加者がK君との関係性を含めて自己紹介を行います。クラスメイト，後輩，生徒の家族など，参加者は，学校の関係者で，お互いに顔見知りの人もたくさんいました。それぞれの立場から，K君の喪失について，それぞれの感情があったものと考えられました。時間配分は，前回と同様です。参加者は，K君との関わりを含んだ自己紹介後，60分間ほどコラージュ作成が行われます。ここでも，大学院生は，マンツーマンで参加者を手伝いました。そして，最後に，グループを通じて作成したコラージュの説明を受け，労いの拍手をしました。

　コラージュを作成しながら，参加者同士でK君に対する思いを話し合います。グループワークは夜中過ぎまで途切れず，K君に対する参加者の強い思いを感じました。

　コラージュ作成当初は笑顔でしたが，雑誌を切り抜いていくうちに，K君を思い出して涙する先生がいました。美しい草花を切り抜いて貼っているのですが，K君を示しているのではないかと感じられるコラージュを作る生徒もいました。もしかしたら，彼のことを好きだったのかもしれないね，とボランティアの大学院生と話をしたこともありました。

　このイベントでは，喪失体験が主なテーマとなっています。喪失体験は，ともすると自分だけが淋しがっているのではないか，悲しいのではないかと，人を孤独に追いやることがあります。グループでコラージュを作成し，それをもとに気持ちを伝え合うことで喪失体験を持った人たちの孤独を防ぐ意味もあっ

図3-4　K君を偲ぶコラージュのタペストリー

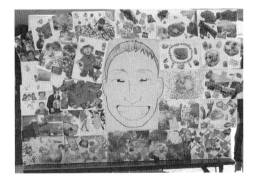

たと考えています。

　また，最後に K 君の似顔絵を借りて，その周りに作成されたコラージュを配置してタペストリーを作りました。

　これによって，私たちを含めた周りの参加者が K 君のことをいつまでも忘れていないこと，K 君を喪失した悲しみは個人だけのものでないことを伝えることができたと思っています。

[3]　イベント参加を通じて得られたコラージュの可能性

　私が参加した 2 回のイベントは，どちらの会場も屋外のテントの下で行われました。照明がなかったため，夜になると照明器具が必要となりました。エアコンが完備された室内のカウンセリングで行われるコラージュとは，設定からして異なっています。私たちは，雑誌の準備と並行してキャンプ専門店に行き，電源のいらないランタンを見に行ったり，大学院生ボランティアが夜道で移動することを考え，懐中電灯をたくさん買い込んだりしました。夜の寒さも想定して寝袋を準備しました。これは，カウンセリング中には当たり前のように捉えていた，心理治療の外側の枠である設備を自分たちで作ることにつながっていて，とても楽しい体験となったのでした。

　ここで，当たり前のように捉えていた心理治療の外側の枠とは，例えば，病院の建物の中の設備が整ったカウンセリングルーム，また，学校で秘密が守られるように作られたカウンセリングルームなど，私たちが心理職として働いてきたもともとあった場所を指しています。けれども，私たちが参加したイベントでは，テントしか借りておらず，コラージュを行うための設備はゼロから整える必要がありました。

　また，設備の次に整えるカウンセリングの枠について，河合（2013）は，「主に時間・空間・料金」と述べました。個人カウンセリングにおける時間設定は，概ね 40 〜 50 分程度を 1 週間に 1 度とされています。イベントでは，グループでコラージュが行われたため，自己紹介なども含めて 90 分としました。個人カウンセリングより 40 分以上長かったのですが，特に「長すぎる」という声は聞かれませんでした。コラージュ作成の時間を十分に取ったため，そのグループの中での自由な表現が可能になったものと考えられます。

おさんぽ3　うまく言葉にできない気持ちを表現するには？　　43

　また，「空間」は原則として，個人がカウンセリング内で深い話ができるよう「閉じられた空間」であることが求められます。しかしながら，今回のイベントでは，風の通るテントのもとでコラージュが行われました。閉じられた空間ということはできません。あるときは，コラージュを作成するための切り抜きが風に飛ばされてしまいました。そのときには，ボランティアの大学院生が切り抜きを走って取りに行きました。これは，屋内でしかコラージュを行ったことがなかった私には，新鮮な経験でした。切り抜きは，参加者の心の表現の一部です。それが飛んで行ったときには，急いで取りに行かなくてはなりません。この行動は，参加者の心の一部を大切に扱うことにつながり，安心感を与えたものと考えられます。さらに，自然の中で行われるコラージュは，閉じられてはいないものの，自然の持つ人知を超える力が参加者を包み込んで，非言語表現を支える「器」として機能したと考えられます。「器」はカウンセリングの「枠」につながります。それは，参加者が包み込まれる経験であり，参加者が器となって他の参加者を包み込む経験となったものと思われました（佐藤，2023）。私は，このイベントで行われたコラージュ作成は，閉じられた空間で行われなかったからこそ，コラージュを通じて参加者の気持ちを表現し，他者に伝えることができたと考えています。

　今回参加したイベントは，チャリティイベントだったため，話し合いの結果，「料金」は設定しませんでした。カウンセリングを職業としている専門職にとって，自らの専門性を提供する場面では，当然料金が発生するものです。それによって，クライエントが安心して自分の心を語ることができる面も持っています。けれども，今回参加したイベント全体のあり方の中で，料金の設定は非常に困難であり，コラージュを行うにあたって，効果的ではないのではないかと推察されました。コラージュ作成を優先し，今回の料金設定は見送りました。

　私は，このイベントに参加するまでクリニックや学校など屋内のカウンセリングでコラージュ療法を行ってきました。そして，その環境を当たり前のものとして捉えていました。しかしながら，屋外で行ったグループでのコラージュ体験を通じてコラージュ療法のさらなる可能性を感じることができました。コラージュを通じた非言語表現を必要とするクライエントがいれば，今後，さらにさまざまな場面でも適用していきたいと考えています。また，コラージュ療

法には,「持ち運びができる」側面を生かした心理的な治療として無限の可能性を感じています。

　ここでは,屋外で行われたイベントを中心に,言葉を使わずに自分の気持ちを伝える表現についてお話をしてきました。もちろん,屋内のカウンセリングルームでもコラージュ療法は行われています。こころちゃん,いろんな切り抜きを画用紙に自由に貼ってみたくなっていませんか? とっても楽しい方法なので,是非,コラージュを作ってみてくださいね。

【注】
　K君を偲んで作られたコラージュ作品については,参加者の許可を得て,公共媒体ですでに公表されています。また,似顔絵についても,K君のご家族より掲載の許可をいただきました。コラージュを作成された参加者の方とK君のご家族に感謝申し上げます。

精神科デイケアの芸術療法
お話するだけでないカウンセリング①

　芸術療法とは,言葉以外の方法で自らを表現する方法です。使われる表現方法は,絵画,造形,音楽,ダンス,箱庭,心理劇など幅広く,さまざまな方法を用いて心身の治療を行います(徳田,1979)。ここでは,私が精神科デイケアなどで関わってきた芸術療法についてお話ししたいと思います。

①絵画造形療法
　みなさんは,「芸術」という言葉に何を思い浮かべますか? 絵画であったり,立体的な造形物であったり,展覧会などで見かける作品を思い浮かべる人も多いことでしょう。実は,絵も造形もすべての芸術が言葉以外の自己表現といえるのです。
　私が以前勤務していた精神科では,粘土を使った造形療法を取り入れていました。有名な陶芸の町から粘土を購入して,大きめのグレープフルーツくらいの塊に分けてまとめます。それを患者さんと治療者,それぞれが練って柔らかくすることからカウンセリングを始めます。粘土をこねながら,いろんな話をします。症状の話,お昼ご飯の話,外出の話など,手元の作業に熱中すると,ふと意識の防衛が緩んで,話すつもりのなかった話も出てきます。それを粘土とともにそっと受け止めながらカウンセリングが進んでいくのです。中井(1985)は,粘土を造形療法として用いることについて,攻撃性を制作に向けさせる役割があると述べています。粘土をこねながらカウンセリングの時間

を過ごしていると，徐々に患者さんの攻撃性と関連した症状が緩和されてきました。このように，素材が心に働きかけることもあります。この患者さんとの出会いは，芸術療法の懐の深さを感じさせられる体験でした。

②園芸療法

　植物を育てるには，時間が必要です。さるかに合戦のカニのように，"早く芽を出せ，出さぬとハサミでちょんぎるぞ"と言っても，苗は思う通りに伸びてくれません。園芸療法では，時間が植物を育てていることを体験します。

　小浦（2013）は，園芸療法を実施する環境について，自然で無理のない五感への知覚刺激が人為的に設定しなくても得られやすいと述べています。育てた植物の成長を見て，土に触れ，緑の香りをかぎ，風に揺れる葉っぱの音を聞き，食べられる植物を育てた場合には，それをいただきます。これは，園芸療法だからこそ体験できるものです。

　他のプログラムには参加しなくても，苗に水を与えるためだけにデイケアに参加したり，ミニトマトが豊作なことが嬉しくて，トマトのことばかり話したり，それぞれが，それぞれの方法で園芸療法に関わり，植物に自らの一部分を投映しつつ，育てていくのです。

③心 理 劇

　心理学は，フランスのヤコブ・モレノが始めたグループ療法です。私が参加した心理劇は，精神科に入院していた患者さんと看護師，心理職で構成されていました。内容は，患者さんが決めました。とはいえ，すぐにアイディアが出るわけではありません。出てくるまで待ち続けます。長いときには30分以上，沈黙が続くこともあります。

　大人が何人も集まって，沈黙しているのですから，気まずいことこの上ない状況です。しかしながら，長い沈黙の後，重度の統合失調症患者さんから，"ももたろう"という一言が出たときには，全員が感動しました。このお題を大切にして，患者さんもスタッフも，心理劇を楽しみました。

　それぞれの療法における表現は，方法が異なるため，解釈も異なります。その表現は，すべて大切にされ，謙虚な姿勢で解釈されるべきものだと考えます。また，私は，どのような療法においても"参加して楽しい"心理的アプローチがとても大切だと思っています。（佐藤睦子）

【文　　献】

小浦誠吾（2013）．日本における園芸療法と今後の可能性 園芸学研究 *12*(3), 221-227
中井久夫（1985）．中井久夫著作集 精神医学の経験 第2巻 治療 岩崎学術出版社
徳田良仁（1979）．芸術療法の展望 徳田良仁・武生健一編 芸術療法講座Ⅰ（pp. 3-20）星和書店

性と心ってどう関連するの？

お母さんはお寺巡りもかねた御朱印集めが大好き。「都七福神参り」がラスト1か所だというので，こころちゃんは「赤山禅院」に付いていきました。完成した大護符(色紙)を眺めてご満悦のお母さん。こころちゃんがそれを見て「結局，七福神ってなに？ 女性は1人か，ジェンダーギャップやん」と尋ねますが，お母さんは「あんまりよく知らん」と。こころちゃんが呆れていると「七福神って，国籍や宗教は多様なんですよ」と仲倉先生が教えてくれました。

赤山禅院

▲赤山禅院鳥居　　▼七福神像　　▲大護符

京都の「都七福神参り」では，北は京都市左京区の赤山禅院から南は宇治市の黄檗山萬福寺まで点在する7寺社をめぐります。「赤山禅院」は都の表鬼門・北東を守る比叡山天台宗の塔頭。その中に，七福神の「福禄寿神」がお祀りされています。福禄寿とは長い頭と長い髭で杖を持つ長寿の神様，いかにも仙人らしい風貌です。

この七福神，実はインド（ヒンドゥー教），中国（道教），日本（神道）の神様版グローバル・ユニット。古来からのダイバーシティの一例ともいえますが，たしかに弁天様は紅一点ですね。

おさんぽ4　性と心ってどう関連するの？　　47

こころ

性やセクシュアリティは人それぞれだとよく聞きます。それは心理学やこころとどのように関連するのでしょうか？

仲倉高広
先生

心理学とは，心の理（ことわり）を研究する学問です。私はこれまで，HIV/AIDS（エイズ）の患者さんやそのパートナーの方たちへの心理的な援助を行ってきました。ここでは「性」を軸にして「心」との関係性や，多様な心のあり方について，一緒に考えていきましょう。

1　「性」について

[1]「性」って？

　「性」という字を見たり聞いたりしたときに，みなさんはどのようなイメージを思い浮かべるでしょうか。男性や女性といった性別や，パッと口に出して言いにくいことが浮かんだりするかもしれません。さまざまなイメージを思い起こさせる言葉ですね。"エッチ"や"エロい"といった言葉を連想して，下品な印象を持つ人もいるでしょう。「性」はなかなか明るいところで話す話題ではないと思われることが多いようです。

　しかし，「あの男は」や「あの女は」という言い方と，「あの男性は」や「あの女性は」という言い方を口に出して言ってみるといかがでしょうか。「性」という字がつくか，つかないかで随分と印象は変わるものですね。「性」と無縁の人はいないにもかかわらず，「性」は明るみに出ることが少なく，オープンに話すことがはばかられることも多いですよね。そのため，実際は多様な「性」があるにもかかわらず，決まりきった「性」やステレオタイプな「性」イメージで判断し決めつけてしまうことが生じやすくなります。そして，その決めつけによって，「普通」と思われている「性」とは違う生き方をしている人たちは，目立たないところで傷ついていることが少なからずあります。

　これから，お下品にもお上品にもなりうる「性」というものを概観していき

ましょう。そして，多様な「私」たちが，お互いを大切に思い合える世の中になるような機会になればと思っています。

[2] いわゆる「性」とは

「性」という言葉を定義することはなかなか難しく，「性」や「セクシュアリティ（sexuality）」は，図4-1に示した4つの側面で捉えられる総合的なものだと考えることが通説です。

1）身体的性別と指定された性別

その1つに，**身体的性別**（sex）があります。性染色体や内性器，外性器などの身体的な男女の区別のことです。多くの場合は，出生時に外性器によって性別が決定され，戸籍などに登録されます。しかし，時に何らかの理由により性染色体が「XX」や「XY」以外の場合があり，性染色体による性別と外見上の身体が異なる場合があります。例えば，生まれたときに「女の子」として周りから認識され，周囲も本人も女の子として生活していたところ，その後の発

図4-1　さまざまな「性」の側面

```
1. 身体的性別（sex）や指定された性別（assigned gender）
2. ジェンダー・ロール（gender role）と性表現（gender expression）
3. 性自認（gender identity）
4. 性的指向（sexual orientation）
```

図4-2　男性・女性のみならず，さまざまな在りよう

育の異変で受診し、「男の子」であったと判明することがあります。戸籍ですでに割り当てられている性別は、多くの場合は身体的性別と同じですが、時に違うことがあります。自分にも周りにも身体的性別だと認識されている性別は、厳密な意味では身体的性別ではなく、周囲から**「指定された」性別**（assigned gender）といいます。図4-2のように、身体の性別は、男性か女性のいずれかのみならず、その両極端の間にさまざまな性別があるといえます。

2）社会的な性

　「性」は身体的なものに限られたものではありません。社会的なものの影響も受けています。例えば、どのような服装を選ぶのか、立ち居振る舞いをどのように行うのか、全く好きにしていると言い切れる人は少ないのではないでしょうか。状況や場所によって、服装を選んだり変えたりすることもあるでしょう。自分の思いのまま選べる場合もあれば、状況に合わせて多少我慢することもあるでしょう。社会生活を営む上で、振る舞いや態度、行動を性別によって割り振られている役割のことを、**ジェンダー・ロール**（gender role）といいます。そして、どのように表現していくかについては、**性表現**（gender expression）といったりします。社会的な性別も、身体的な性別と同様に、人によってさまざまであり、多様であるといえます。さらに先述の身体的性別と社会的な性別を組み合わせて考えると何通りもの性別があることが想像できるでしょう。また、身体的性別に一致したジェンダー・ロールに違和感を覚えない人もいれば、違和を感じる人、または逆のジェンダー・ロールを選ぶ人などさまざまです。そのように考えると、さらに組み合わせのパターンは複雑になってきます。

3）アイデンティティとしての性

　次に、「自分は女性である」や「自分は男性である」、「自分は女性でも男性でもない」など、自分で認識する自分の性別のことを、**性自認やジェンダー・アイデンティティ**（gender identity）といいます。今までに見てきた身体的性別がジェンダー・アイデンティティと一致する人もいれば、幼いころから居心地の悪さや違和を感じている人、どちらとも決めがたいと感じる人などいろい

ろあります。

ジェンダー・アイデンティティと身体的性別の不一致がある場合，ジェンダー・アイデンティティを中心に考えると，自認する性別に合っていない身体に閉じ込められ，自分の身体であるにもかかわらず，自分の身体を否定せざるを得ない苦悩を背負うことになります。また，逆に身体的性別を中心に考えると，自分の体に合っていない「私」が認識され，"おかしな"「私」を感じ，苦悩を背負わされるともいえます。どちらも「自分」であるにもかかわらず，「自分」を否定せざるを得ない状況におかれ，苦しむことが想像できるでしょう。

みなさんの中にも，自分の身体のある部分は受け入れがたいと思っている人や，自分の心のある部分を受け入れがたいと思っている人がいるかもしれません。そのように，自分だけど自分の一部を受け入れがたいという経験をすることと，先に述べたようなジェンダー・アイデンティティと身体的性別の不一致による自分の受け入れがたさは同じ体験といえるでしょうか。いろんな考えがあると思います。正解があるわけではありませんので，これからも考え続けていってもらいたいと思います。自分自身であるにもかかわらず，自分を否定し，苦しみを体験するかもしれません。また，身近な人のなかに，そのような体験をしている人がいるかもしれません。自分も含め，いろんな人がいるという想像力を働かせ，自分にも周りにも優しく，配慮できるように努めたいものです。

4）性的魅力を感じる人の性別

4つめは，恋愛感情や性的な魅力を感じる相手の性別のこと，つまり**性的指向**（sexual orientation）という側面です。気がついたら好きになっていた相手の性別のことです。それが異性である場合もあれば，同性や，異性と同性の両方の場合，どの性別にも魅力を感じない場合などがあります。最近では，LGBTQ+ や SOGI という言葉を耳にすることも増えたのではないでしょうか。一人ひとりが違ういろんな性を生きているという認識が私たちの当たり前になれば，すべての人の「性」をわざわざ羅列したり，性的指向や性自認を表現したりする必要はないのかもしれません。すべての人はみんないろいろで済む話なのでしょう。しかし，LGBTQ+ などといった表現をしないと，あたかも性的マイノリティの人々が存在しないかのように社会が動いてしまうことが危惧

おさんぽ4 性と心ってどう関連するの？　51

図 4-3　LGBTQ+ や SOGI

本来は，わざわざ LGBTQ ＋と表現しなくても人それぞれでいいはずだが，言葉がないと存在しないかのようになることを避けるため。

レズビアン（性自認が女性で，性的指向が同性）
ゲイ（性自認が男性で，性的指向が同性）
バイセクシュアル（性的指向が同性，異性の両方に向く人）
トランスジェンダー（出生時に割り当てられた性別とは異なる性を自認する人）
クイア（セクシュアルマイノリティの総称として使われる）
クエスチョニング（自分の性別がわからない・意図的に決めていない・決まっていない人）
インターセックス（生まれつき男女両方の身体的特徴を持つ人）
アセクシュアル（誰に対しても恋愛感情や性的欲求を抱かない人）
プラス（これらに加えて，名前のついていない性やそれ以外の性の人）

「SOGI（ソジ）」
性的指向（Sexual Orientation）と性自認（Gender Identity）の頭文字
SOGI とは異性愛の人などを含め，すべての人がもっている属性を指す言葉

されます。よって今はまだ「あえて」LGBTQ+ などといった表現をすることで，社会のなかに存在することを私たち一人ひとりが意識していく必要があると考えています（図 4-3）。

　また，わざわざ「気がついたら好きになっていた」と記しているのは，性的指向は自ら選ぶといった趣味趣向の意味での「嗜好」ではないことを強調するためです。

　以上のように，「性」は身体的な次元から自分自身のアイデンティティや社会的な次元で捉えることができます。そして，男女と一言で区別されるようなシンプルな区別ではなく，実に「性」のありようはさまざまです。身体的な性別は女性で，性役割も女性，性表現も女性で，性自認も女性，性的指向は男性という人もいれば，最後の性的指向が女性の人もいます。そのような組み合わせは，何通りになると思いますか。単純に，4つの「性」の側面が男女の2パターンだと考えると 16 パターンになります。性的指向は異性と同性と両方とどちらにも向かない，わからないなど5パターンに分かれるとすると，40 パターン，

図4-4 人それぞれの性〜無数の組み合わせが考えられる

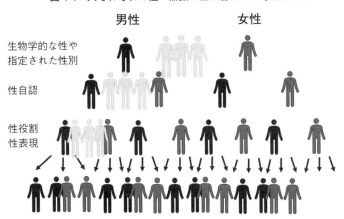

さらに，身体的性別や性役割，性表現，性自認も，それぞれ男女のどちらかに分けられるものではなく，男女の間のグラデーションを考えると，相当な数のパターンになってしまいます。よって，実際は一人ひとりが違うと思った方が現実的かもしれません。今までの男女の捉え方が「当たり前」だったかもしれませんが，当たり前が当たり前じゃないと感じてもらえると嬉しいです。

5) HIV/AIDS と心理

　こころちゃんやみなさんは，保健体育の授業で「エイズ」(HIV感染症)を習ったことがあると思います。そこでは，HIV/AIDS とは，HIV (Human Immunodeficiency Virus: ヒト免疫不全ウイルス) というウイルスが，HIV を持っている人の血液，精液，膣分泌液，母乳が，主に性行為によって侵入し，免疫の働きを低下させる病気，現在では性感染症に位置づけられる疾患として習っていると思います。ウイルスが原因の病気なのに，心理と関係するのかと疑問に思われるかもしれませんね。しかし，性行為を通して感染する HIV/AIDS は，身体の免疫機能を低下させるだけではなく，ここまでに考えてきたような「性」と深い関わりをもちます。HIV/AIDS の治療にとどまらず「性」によって感染したという社会的不理解への恐れやスティグマ，一見健康そうに見える人が仕事や学校を休み受診することを周りに説明しづらい状況など，悩

みは増します。HIV に感染した人は，性的接触を行っているパートナーに感染のことを伝えたり，それまでとは違う感染予防を行うため，パートナーとの関係にも影響を与えます。日常生活や人間関係に大きな影響を及ぼすのです。もしこころちゃんや読者のみなさんが HIV に感染したら，自分自身や生活はどのようになるのか・感じるのか，ちょっと空想してみてください。その生き辛さは容易に想像できるのではないでしょうか。私は，HIV/AIDS を，免疫システムというだけではなく，HIV/AIDS の人たちの社会システム（社会的な関係やネットワーク）や「私」という心理システム（表の私と裏の私など）といった「関係に生じる苦悩」（仲倉ら，2012）として捉え，主に心理のシステムへの悪影響に対し心理療法やカウンセリングを行ってきました。実際に私が行った調査では，HIV/AIDS の人たちは，不安や気分が沈んだり，自殺（自死）を考えたりする人が，HIV/AIDS ではない人たちよりも多いという結果が出ました（仲倉ら，2015）。

　「HIV/AIDS は，性的に遊んでいる人がなる病気で，私には関係はない。そういう人がいたら優しくはできる」とこころちゃんは思ったかもしれませんね。もちろん差別や偏見なく，HIV/AIDS の方たちに接することは心掛け，続けていってもらいたいと思います。しかし，本当に他人事でしょうか。2005 年に AC 公共広告機構が「元カレの元カノの元カレ」というキャッチーなフレーズを用いた「エイズなんて関係ないと思ってた」（https://www.ad-c.or.jp/campaign/search/index.php?id=457&page=91&sort=b）という CM を放映しました。これは，1 人の彼とのみつきあっていたとしても，その彼の元の彼女との関係やその彼女の元カレとの関係，またその元カレの元カノ……とさかのぼり過去の関係の中に HIV が入り込んでいたら，HIV/AIDS とは無縁ではなく，見えない連鎖があるということです。データは少し古いですが，実際に過去 1 年間に 1 人の男性としか性交渉を持っていない女子大学生の 59% が性感染症に罹患していたというデータもあります（木原ら，2000）。ですから，こころちゃんやみなさんも他人事ではなく，自分事として HIV/AIDS についても考え，お互いの身体的心理的健康を守りながら，安全で安心できる交際を楽しんでもらえると嬉しいです。

　さて，以下で「性」と「心理」について考えていきましょう。

2 「性」を心理の目で見る

[1]「私」という感覚

1）昔から現在，これからの時間の流れのなかの「私」

　みなさんが自分を意識し始め，家族や学校，地域社会のなかでいろんな影響を受け，「私」は育まれていきます。その「私」という感覚は少し考えてみるとなかなか複雑で面白いなあと感じています。ここで少し「私」という感覚をみていきましょう。この世に生まれてからいつの間にか「私」という感覚を持つようになり，今，この文章を読んでいる「私」は小さい頃の「私」と同一人物であると思っています。変わらない，ずっと「私」は「私」という感覚です。しかし，全く同じかというとそうでもないなあと思える「私」が居ると思います。「私」は確かに幼かったころの「私」とは違うという感覚もありますね。常に変わらず「私」でありつつも，常にいろんな環境や時間，時代や文化の影響をうけて変化もしている「私」なのです。

2）今の空間的社会的な世界で唯一の「私」と一体感

　みなさんはこの世の中で「私」は唯一の存在であり，同じ時空間にもう1人「私」がいるとは思いませんよね。そして，他の人と「私」は違う存在であるというはっきりとした感覚を持っているでしょう。しかし，スポーツ観戦をしているときの一緒に応援している人たちと一団となった感じや，映画館で主人公のようにドキドキワクワクしてしまうような一体感など，「私」という境界が薄れ，他者と一体になったかのように感じる瞬間を経験することがあります。

　このように「私」という感覚は，過去から現在までずっと「私」は1人であるという「ある程度の感覚」と，同じ社会や空間には，「私」は1人であり，独立しているという「ある程度の感覚」の，時間と空間の中での微妙なバランスを保ち，成り立っているように思いませんか。

　次に，微妙なバランスの上に立っている「私」という感覚を「性」を通して考えていきましょう。

おさんぽ4　性と心ってどう関連するの？　　55

[2] 境界線としての性

1）個人の境界線を作る「性」

　第二次性徴期を機に変わり始めた「私」を意識する方も多いと思います。それまでは親といろんなことが話せていたのに，なんとなく秘密にしたり，話すこと自体を恥ずかしく感じたりする人もいたかもしれません。「性」の発現により，親に秘密を持つようになり，どこか親と子のユニットから離れるようになったりします。「性」には親の庇護から飛び出し，自分自身の存在を築き上げるため，自分の境界線を明確にする働きがあるかのようです。

　そして，今までの「私」とは違う「私」を体験し始めるかもしれません。第二次性徴期の「性」の発現によって，時間的にも空間的にも「私」の変化，つまり，変化という境界を生ぜしめる体験といえるでしょう。

2）「個」と「個」の出会いを求める原動力

　「性」は，個としての「私」や，自分と他者との境界線をしっかりと引くことができるように働きかけると同時に，自分や気になる相手の「境界」を越えたくなる原動力としても機能します。例えば，好きという感情や，親しくなりたいという思いにより，身体的な距離を近づけたくなります。他にも，好きな人に認められたいという思いで自分を高めようと努力したり，好きな人と同じようになりたいと自分自身を近づけようとしたりします。つまり，身体的な距離を縮めたり，他者のものの考え方に感化されたりするといった心理的距離を縮めるといえるような，いったん意識された境界線を越えようとすることが生じます。

　さらに「性」によって「個」を意識することで，他者との違いが気になったりすることも生じるかもしれません。「性」は，境界をはっきりさせ「個」として閉じていく方向へと誘うと同時に，境界を拡げ，他者との一体感へと誘う働きがあるといえます。

3）突き動かされるものでもあり，コントロールするものでもある

　先ほど，性的指向のところで「気がついたら」好きになっていたと表現したように，「性」には，理性や経験を越えて，「私」を突き動かす側面があるよう

です。その性的指向にそって人を突き動かす側面を，精神分析学では欲動（drive）という場合があります。その欲動が主に身体に働きかける場合は本能（instinct）と呼ばれ，心理的なものに働きかける場合はリビドー（libido）や元型（archetype）と呼ばれたりもします。

　ふだん私たちは，自分の振る舞いや行いは，自分がコントロールしていると思っています。身体も自分の所有物だと疑いもせず思い込んでいます。しかし，「性」を経験することで，自分が自分の行動や体をすべて支配しコントロールできているという思いを打ち砕く経験をさせることがあります。例えば，性衝動や月経などは，「私」が支配している感覚の外から訪れるといえるかもしれません。

　本能やリビドー，元型といった「私」のコントロールを越えて突き動かしてくる力を経験することは，とても苦労するし，避けたい，厄介なことだと思う人もいるかもしれません。また，「私」のコントロールを失うと，社会から非難される行為になってしまうのではないかという恐れを抱くかもしれません。我を忘れて罪を犯してしまうのではないかとか想像すると少し怖いかもしれませんね。ただ，この「私」のコントロールをも凌駕する力を経験することは，マイナスのことばかりではないのではないかと考えています。それは，ふだんコントロールできていると思い込んでいる「私」を越えて突き動かしてくる「力」を経験することで，「私」のコントロールは絶対ではないと自覚することになり，ある種の謙虚さを生み，他者や「私」以外のものに敬意を払うことにつながると思うからです。

　「本能に敬意を？」と疑問に思う人もいるかもしれませんね。しかし，「私」という感覚の外からやってくるという意味では，本能やリビドー，元型の力というものは，「私」以外の他のものといえます。「私」の外からくるもの，つまり，「自然」の働きかけと思うと，畏敬の念を抱くことができるかもしれません。時にその力が人を越えた存在，例えば神さまからの働きかけのように感じるかもしれません。そして，「私」を越える力を経験することで，他者や自然，自分の身体にも敬意を払い，つまるところ，お互いの尊厳を大切にすることにもつながるように感じています。大場（2013）は，「性はその人の身体・生理とも，密接にかかわっているとともに，また，文字通りに他者とも深くかかわるもの

おさんぽ4　性と心ってどう関連するの？　　57

でもある。さらには，非常に肉体的であると同時に，実は，その圧倒性の点からも，「超越」あるいは，象徴的な「結合」にも結びついたものである」と述べています。

　「性」がこころに与える影響は，①個人として閉じる方向から境界を越えようとする方向，②コントロールすべきものから突き動かすもの，③肉欲的なものから聖なるものまでの幅があるものだといえるでしょう。

4）つまるところ多様な「性」と多様な「私」

　「性」の影響を受け，多様な心があり，多様な人が存在し，生き方もさまざまです。しかし，冒頭で述べたように，「性」は明るいところで話題にすることが少ないため，誰が作ったかもわからない暗黙の，社会が期待する役割や規範，イメージにならって，私たちは自分の振る舞いを選び，他者のことを勝手に決めつけ，限られたパターンで理解し，いろんな人がいないかのように振る舞いがちです。しかし，そのような行いによって，期待されている役割や規範，イメージとは違う「性」や「心」，生き方をしようとしている人たちが，目立たないところで傷ついているかもしれないことが想像できるでしょう。

　「心」を最大限の共通点から考える心理学があるのと同時に，個々人の違いを大切に考える心理学があります。どちらも「心」の理に近づく大切な学問です。「性」と「心」との関係をざっくりとみてきました。こころちゃんの質問への回答になったでしょうか。まだまだ，「性」に関連するいろんな心理学が存在します。興味を持って下さった方は，それぞれ関連のある心理学を読み解いていき，理解を深め，人それぞれで当たり前の世の中に少しでも貢献できる人になっていただければと願っています。

子どもを対象とする遊戯療法
お話するだけでないカウンセリング②

　みなさんは、カウンセリングというと、相談者とカウンセラーが悩みごとについて話し合って、その解決方法を探る、というイメージを持っていませんか。言葉を用いて話し合うカウンセリングは一般的に行われますが、相談者が子どもの場合には、言葉を使うよりも効果的な方法として、遊戯療法がよく行われています。

　遊戯療法では、たくさんのおもちゃをそろえたプレイルームで、身体を動かしたり、ゲームをしたりして遊びます。遊戯療法は、"ただ、子どもと遊んでいるだけでないか"と捉えられることもあります。しかし、子どもと遊んでいることと、遊戯療法は明確に違います。それは、子どもとカウンセラーが"終了時間まで、ここでは、何をして遊んでもいい"という約束ごとを決めているところです。場所と時間を決めて、互いに了承して、自由に遊ぶことは、カウンセリングの"枠"を守ることにつながります。枠を守ることによって、子どもとのカウンセリングの場面は"非日常"となります。

　京都ノートルダム女子大学の心理臨床センターでは、遊戯療法も行われています。50分の時間を決めて、子どもに"ここで何をして遊んでもいいよ"とカウンセラーが伝えます。そして、プレイルームのドアを閉めると、その中は非日常空間です。ここで述べる非日常とは、日常から切り離された世界という意味を持ちます。カウンセラーは、子どもの言葉を拒否せず受け入れます。遊びの中で、子どもが自分に有利なルールを作っても、そのルールを批判することなく一緒に楽しく遊びます。もちろん、説教やしつけは、オーソドックスな遊戯療法では行いません。

　例えば、トランプのババ抜きで、子どもが負けたくなくて、カウンセラーにババを押し付けたとしても、それに対して批判することはありません。そうなの、負けたくないんだね、と思いながら、ババを引くのがカウンセラーです。ところが、現実の世界ではそういうわけにはいきません。"ズルしたらだめだよ"と友だちに言われ、親には、"そんなズルをする子は悪い子です"と怒られるでしょう。

　非日常をともにするカウンセラーは、子どもがズルを行う理由を考えます。子どもは、自分がズルを行っていることを知っています。子どもは、大人が考えているより、ずっと賢いからです。カウンセラーはそれを知っています。学校でトランプに負けて、友だちに笑われて悲しかったのかもしれません。家庭で、トランプの強い年長のきょうだいにどうしても勝てなくて、悔しい思いをしているのかもしれません。カウンセラーは、その子どもの気持ちを理解し、受け入れようとします。子どもは、自らの気持ちが受け入れられたことを体感して、少しずつ心を開いていきます。

　これが子どもに非日常の場を提供し、時間をともにするカウンセラーのあり方です。決して、ただ一緒に遊んでいるわけではありません。さらに、子どもは成長します。この成長の力は大きく、カウンセラーが子どもの成長の力に助けてもらったと実感するの

も稀ではありません。子どもの持つ成長する力と非日常のカウンセリングを通じて，子どもは少しずつ変化していき，困った症状が軽減していくのです。(佐藤睦子)

おさんぽ 5

「居場所」ってどういうもの?

岩倉に住む友だちの家に行ったこころちゃん。歩きながらのどかな農村風景を眺めていると、友だちが「ここって、メンタルヘルスの聖地みたいなところらしい」と。「へえ、もっと教えて!」と尋ねたけれど、友だちは「それ以上はよくわかんない」。すると、通りがかりの中藤先生が「平安時代からの長い歴史があるらしいですよ」と教えてくれました。

📍 岩倉の里

◀不動の滝

◀閼伽井

平安時代、後三条天皇皇女の心の病が大雲寺の井戸水で治ったことから、岩倉は心の病本復の聖地ともいわれるようになりました。近世になってからは病者の家族的看護が地域ぐるみでなされていた土地柄。心の病を「垢」と捉え、それをほぐし落とす場「垢離場」「籠屋」といった施設や、農家や茶屋で今でいう社会復帰訓練が行われていました。
今も閼伽井(智弁水)と不動の滝が残っており、複数の精神科病院とともに実相院や岩倉具視旧宅などの歴史的建造物が点在する静かな谷あいです。

こころ

自分はここにいてもいいのかなとか，自分がいる意味はあるのかな，と感じて苦しくなることがあります。どうしてこういう気持ちになるんでしょうか？

中藤信哉
先生

「ここにいてもいいのかな」「自分がいる意味はあるのかな」という感じは，心理学的には「居場所がない」という感覚として捉えられるかもしれません。「居場所」は日常的にも学術的にも使われる言葉。居場所という概念を用いて，こころちゃんの感覚についての理解を深めていきましょう。

1 「いること」が揺らぐとき

そもそも，「自分はここにいてもいいのかな」とか，「自分がいる意味はあるのかな」と感じるのは，どんなときでしょうか。色々な場合が考えられそうです。

例えば，こころちゃんが，最近仲良くなった友だちのAさんに「友だちを紹介するから」と言って遊びに誘われたとしましょう。待ち合わせ場所にはAさんの友人のBさんとCさんがいて，Aさんは彼女たちをこころちゃんに紹介してくれました。そして，4人で一緒にカフェに入りました。最初はこころちゃんも交えた4人で，自己紹介をしながら話をしていたけれど，段々と，元から友だちであったAさん，Bさん，Cさんの3人が，こころちゃんにはわからない内輪の話題で盛り上がるようになり，こころちゃんはその輪の中に入りづらくなってきたとします。3人が楽しんでいる空気を壊したくなくて，にこにこと笑顔でいるかもしれませんが，内心では，「私がいない方が3人は楽しめるんじゃないか」「私がいてもいいのかな」と感じるかもしれません。

他にも，こんな場面もあるかもしれません。学校の先生から，こころちゃんを含めたクラスメイトの4人に，ある仕事を協力して片づけてほしいと依頼がありました。放課後に4人で作業をすることにしていましたが，こころちゃんは別の委員会の仕事があり，遅れて参加することになりました。20分ほど遅

れて合流したところ，こころちゃん以外の3人はすでに仕事を始めており，こころちゃんが仕事の分担を申し出るも「もう終わりそうだから」と，3人はそのまま仕事を終わらせてしまいました。このようなときには，役に立てなかった申し訳なさとともに，「私がいる意味はあるんだろうか」という感覚になるかもしれません。

　あるいは，こんな架空のケースを想像してみましょう。ある小学生の子どもの話です。その子が生まれてからずっと，両親は不仲で，最近では喧嘩すらしなくなり，互いに口もききません。父親も母親も，自分の仕事や交友関係にかまけており，帰りは遅いです。その子が親と過ごす時間は短く，また，その短い時間のなかですら，親からのその子へのかかわりは十分なものとは言えませんでした。その子は，自分が親から愛されたり大事にされたりしているという感覚を持つことができませんでした。このようなときに，ひょっとすると「自分はこの世界にいてもいなくてもいいんだ」と感じてしまうようになるかもしれません。

　上に挙げた例の中で感じる感覚は，いずれも，「居場所がない」と表現することができそうです。もちろん，3つの例でそれぞれ違いはありますし，場合によっては，他の表現をした方が，事態をより正確に捉えられることもあるでしょう。しかし一方で，これらの例には共通点もあります。「私は**いても**いいのかな」「**いる意味**はあるんだろうか」「**いなくても**いいんだ」というふうに，私が「いる」ということ，つまり私の存在が問題になっているという共通点があります。どうも，私たちは，こうした自分の存在にかかわる事態を捉える言葉として，「居場所」という言葉を使うことが多いようです。

　そして，私たちは，この「居場所」について悩みを抱えることも，少なくありません。私は臨床心理学を専攻していて，カウンセリングや心理療法を実践しながら研究を行っていますが，相談者（クライエント）の悩みを聴いていると，その背景に「居場所のなさ」とでも呼べるものがあると感じることが，ままあります。「居場所」は，心の健康にとっても，大切なことのようなのです。では，「居場所」とは，いったいどのようなものなのでしょうか。

2 「居場所」という言葉の使われ方

[1] 「居場所」という言葉の心理的な意味

　少し横道にそれるかもしれませんが，この「居場所」という言葉は，もともとは今のような使われ方はしていなかったようです。昔の国語辞典を調べるとわかりますが，単に「人がいる場所」という意味しかなかったのですね。例えば「逃走中の犯人の居場所がわかった」などというとき，居場所という言葉は物理的な空間におけるその人物の位置や所在を示していて，それ以上でもそれ以下でもありません。

　それに対して，「友だちといるときに居場所があると感じる」と言ったり「クラスに居場所がない」と言ったりするとき，「居場所（がある／ない）」という言葉には，単なる物理的空間における所在という意味以上の，心理的なニュアンスが含まれています。「友だちといるときに居場所がある」と聞くと，友達といるときはほっと安心できたり，楽しく，生き生きとできているのだろうと私たちは想像しますし，「クラスに居場所がない」と聞くと，クラスで孤立しているのかな，とか，教室にいるときにとてもつらい気持ちなのだろうな，と想像します。これは明らかに，「犯人の居場所がわかった」というときの「居場所」という言葉の使い方とは異なっています。そこには，「ほっとする」とか，逆に「いるのがつらい」といった，心の次元のことが表現されています。

　こうした心理的な次元の意味合いを含んだ「居場所」の使い方は，もともとあったものではなく，社会的・歴史的に形成されてきたところがあるようです。

[2] 不登校問題と「居場所」概念

　「居場所」という言葉の使い方に，どうしてこのような変化が生じたのかについては，色々な歴史的・社会的要因が関係していますが，今日のような使用法が浸透した１つの要因としては，不登校の問題があるとされています（住田，2003）。不登校は，以前には学校恐怖症と呼ばれたり，登校拒否と呼ばれた時代もありましたが，一般的に，病気や経済的な事情ではない長期の欠席を指します。世界的には最初の不登校の報告は 1930 年代になるようですが（山中，2001），日本では戦後，1950 年代から不登校が注目されるようになり，1960 〜

1970 年代には，大きな社会問題となっていました。

　不登校の児童や生徒に対する支援としてはさまざまなものがありますが，1980 年代半ばから，「フリースクール」が設立されはじめ，これが，今日的な意味の「居場所」の原型と考えられています。もう少しだけ説明しましょう。

　不登校の児童や生徒は，学校に行くことができない状態にありますが，さりとて，家で居心地よくいられるかといえば，必ずしもそうではありません。不登校の子どもの家庭では，たいていの場合，親も，子どもが学校に行かないことに対して複雑な，苦しい感情を抱きがちです。子どもが学校に行けないということは，親にとっては大変心配な事態ですし，また，あるべきルートをわが子が外れたような事態としても感じられます。そのため，学校に行けない状態を受容しようとしても，一方で不安や焦り，場合によっては苛立ちなども覚えたりします。そして，子どももそうした親の状態や，自分に向けられているまなざしを感じ取りますから，不登校の子どもにとって，家でも落ち着いていられない，というケースは少なくありません。何より，ほかならぬ当の子ども自身が，学校に行けない状態について葛藤していることが少なくありません。たまに，不登校の子どもに対して，「学校を休んで家で好きなことをして，気楽なものだ」という評価を耳にすることがありますが，それは全くの誤解で，多くの場合は，非常に苦しい感情を抱えながら家にいるのです。「ならば学校に行けばいいではないか」と思う人もいるかもしれませんが，ほかならぬ本人がそう思っていますし，けれどもそう簡単にできないところに，不登校の苦しさがあります。

　そうした，学校に行けないし，家にいるのもつらいという子ども（まさに，学校にも家にも「居場所がない」子ども）を，どうにか支援したいと考えたときに，「学校や家以外にいられる場所があると良いのでは」という考えから作られたのが「フリースクール」です。1985 年に設立された「東京シューレ」の設立に携わった奥地（1991）は，「大事なことは枠にあてはめることではなく，その子が自分らしく在ることを尊重され，自分のペース，自分の感性を大事に，自分に合った生き方をみつけること，大人はそれを援助するということではないか［略］ささやかでも，具体的に「学校の外の子どもの場」をもつことによって，学校しかない状況を変えていきたいと思ったのです」と述べていますが，

この言葉が，まさに上記のことを言っています。ですから，こうしたフリースクールが「居場所」と呼ばれ，そこに安心や，落ち着く，自分らしくいられるといった意味が込められるようになったのは，うなずける話ですね。

　その後，1992年には，当時の文部省が，学校が児童生徒にとって心の居場所となることが必要だという方針を提示します（文部省, 1992）。このような流れのなかで，「居場所」という言葉の今日的な意味や用法が，広く社会に浸透していったと考えられています。

[3] 心理学における居場所の定義

　1990年代からは学術的にも盛んに研究されるようになり，「居場所」の定義（定義とは，この研究・学問の中では「居場所」という言葉はこういう意味で使う，と決めることです）についても，多くの研究者が色々な定義を考えました。ただ，元々は日常的な言葉であった概念の難しいところで，日常生活のなかでの「居場所」の使い方は実に多様で，多義的です。ですから，どのように「居場所」を学術的に定義しても，なかなか，すべての使用例を包括するような定義になりづらいところがあります。私自身が「居場所」について調べ始めたのは，卒業論文に取り組んでいた2000年代半ばですが，そのころにはすでに多くの研究があって，まとめるのに難儀したことを覚えています。それでも，心理学のなかでは，自分らしくいられることや，ありのままでいられること，またその前提として，安心できることを定義に含めている研究が複数みられます。これらを多少強引にまとめるとすれば，「安心して，自分らしくいられる場所」となるでしょうか。他にも，特に他者と一緒にいる居場所では，その場において自分が役に立っている，必要とされていると感じられることを居場所の重要な要素としている研究もあります。このあたり，こころちゃんやみなさんが普段使う「居場所」の言葉の感覚と照らし合わせて，どうでしょうか？

[4]「居場所」は場所？　関係？

　さて，みなさんにとっての「安心して，自分らしくいられる場所」はどんなところかと考えたとき，どのような場所が思い浮かぶでしょうか。

　例えば，家のなかの自分の個室を思い浮かべる人もいるでしょうし，いつも

つるんでいる仲のいい友人グループが思い浮かぶ人もいるかもしれません。どちらも「居場所」と呼ぶにふさわしいものです。この例で明らかなように,「居場所」とは,場所というワードが入っていますが,必ずしも実際の場所や空間のみを指すのではなく,人との関係・つながりを指すこともあります。

　また,家のなかで落ち着ける自分の個室は,自分ひとりだけの居場所ですが,友人グループは,自分以外の人と一緒にいる居場所です。このように,「居場所」には自分ひとりのものもあれば,他者とともにいるものもあり,石本（2010）は前者を「個人的居場所」,後者を「社会的居場所」と分類しています。

3　居場所と他者の関係

　それでは,他者と一緒にいるときに,どのような条件が整えば,そこが居場所となるのでしょうか。逆に,どのような状況のとき,私たちは「居場所がない」と感じるのでしょうか。

　なお,少し余談になりますが,精神分析家の北山修（1993）は「居場所とは,いつも失われてはじめて「ありがたさ」が分かるという類のものなのである」と言っています。つまり,居場所が確保されているときに「ああ,今居場所があるなあ」とはわざわざ思わないのですね。お腹が減ったときには,「ああ,お腹が減った,何か食べたいな」と,空腹を不快に感じますが,お腹が適度に満たされているときには,あまり意識しないですよね。「居場所」にはこれと似たところがあって,ちゃんと確保されているときには,そのことを特別意識はしないけれど,居場所の感覚が脅かされるようになると,「居場所」のことを強く意識するようになるのかもしれません。

　それでは,私たちが「居場所がない」と感じるとき,他者とのあいだでどのような事態が生じているのでしょうか。「そんなの簡単だ,周りの他者と良い関係のときは居場所があると感じて,関係が悪いと,居場所がないって感じるんでしょう？」「他者との間で安心できているということなんでしょう？」と思われるかもしれません。それはその通りなのですが,ここでは,もう少しだけ掘り下げてみましょう。

　イギリスの精神分析家にドナルド・ウィニコットという人がいます。ウィニ

コットは小児科医でもあったので，たくさんの赤ん坊と母親をみてきました。そして，そうした観察のなかから，おもしろいことを言っています。と言っても，ちゃんと解説しようと思うと，難しくなるうえに長くなりますので，ここでは，思い切って簡単にお伝えします。

ウィニコット（Winnicott, 1965）は，赤ん坊と母親（養育者）のかかわりを重視しましたが，母親がある程度適切に乳幼児のニーズをくみ取ってかかわっていると，赤ん坊は「本当の自己」として「いること」ができ，存在の連続性が保障されると考えました。逆に，母親が適切に赤ん坊のニーズをくみ取れないようなとき，例えば，赤ん坊がお腹を空かして泣いているのに，お母さんがそのことに気がつかなかったり，すぐに授乳できる状況になかったりするようなときですが，赤ん坊はいくら泣いてもお乳がもらえませんので，段々と，お乳がもらえないという状況に合わせざるをえなくなる。そのときには，赤ん坊の「本当の自己」が「いること」は途切れてしまって，環境に合わせる「偽りの自己」とでも呼ぶべきものが発達する，とウィニコットは考えました。（もちろん，このような事態を全く避けることは不可能なことです。ウィニコットは「ほどよい母親（good enough mother）」ということを言っていて，完璧ではなく，時折不適切な対応がある，限界があることも，人間として当然のことだし，むしろそのことが，赤ん坊の心が現実に触れていくうえでも大事だと言っています。また，「偽りの自己」も，私たちが社会生活を送るうえで，必要なところがあります）。

さて，この赤ん坊の時期は，母親や養育者の育児に全面的に依存しています。自分が依存しているという自覚や意識もないまま（赤ん坊ですから当然ですが），母親に全面的に頼り切っているのです。このような状況で，母親からほどよく適切にニーズをくみ取ってもらいながら関わってもらうこと，つまり，環境の側が赤ん坊のニーズを満たすものであってくれることで，赤ん坊の「本当の自己」が存在し続けることができる，というわけですね。

ウィニコットのいう「本当の自己」は，少し難しい概念で，私たちが普段いうような「本当の自分」とは必ずしも重ならないところもあります。何かに夢中になって没頭し遊んでいるときの，生き生きとした自分の感覚を思い浮かべてもらうと，それに近いかもしれませんが，ともあれ，このことを敷衍して考

えると，私たちが，ありのままの自分としていることができるとき，実は，そうとは意識せず，環境の側に抱えてもらい，依存できている，そんなところがあるかもしれません。だから，他者との間で安心できているというときは，その他者との関係に，それと自覚せず，依存できているということがありそうです。

　ちなみに，「依存」という言葉を聴くと，例えば依存症という言葉を連想して，あまり良いことではないのではないか，という印象を持たれるかもしれません。しかし，依存するとは，何かに頼るということであって，それ自体は決して悪いことでもなんでもなく，私たちが生きていくうえで必要なことです。

4　「居場所」と心理的な発達課題や健康との関連

　では，居場所があると何か良いことがあるのでしょうか。また，居場所がないと，何か困ったことがあるのでしょうか。日常的に使う言葉ですから，なんとなく，「居場所がない」状態だと，しんどそうだな，とか，居場所があった方が良さそうだな，と思われるかもしれませんが，心理学の研究では，どのようなことがわかっているのでしょう。

[1] 居場所とアイデンティティ

　これまで，いくつかの研究で言われているのがアイデンティティとの関連です。アイデンティティとは，精神分析家のエリクソンが提唱した概念で，「私は私である」という，私と私の同一性のことです。自我同一性とも訳されますが，そのままアイデンティティと表記されることの方が最近では多いかもしれません。

　こころちゃんは，「自分は一体何者なんだろう？」とか，「私は私だけど，その私ってなんなのだろう」と考えたり，「みんなから思われてる私と，本当の私とは違う気がする」などと，思い悩んだりしたことはありませんか。こうしたときに問題になっているのがアイデンティティの感覚です。自分と自分の同一性というと難しく聞こえるかもしれませんが，例えば，過去の私と現在の私は同じ人間だし連続性がある，とか，自分で思っている自分と他者から認識さ

れている自分が一致している，などというと，アイデンティティについて少し理解しやすくなるかもしれません。このアイデンティティの感覚を持てるようになることは，特に青年期以降，重要な心理的発達課題だとされています。

　このアイデンティティですが，居場所がない状況の人は，アイデンティティの感覚も低下する傾向にある（逆に，居場所がある人ほど，アイデンティティの感覚が確かである傾向にある）と，これまでの研究で指摘されています（例えば堤，2002）。このことは，居場所の心理学的な意味合いを考えるとうなずけるところです。

　例えば，他者とのつながりのなかで居場所を感じられるとき，その相手と一緒にいると安心して自分らしくいられるし，相手は自分らしさを受け止めてくれているという関係であることが想像されます。このように，自分らしさを他者から認めてもらえると，自分が思っている本当の自分と，他者から認識されている自分が一致している感覚が生まれ，アイデンティティを構成する感覚の一つである「対他的同一性」（谷，2001）を高めてくれそうです。逆に，どこにも居場所がない人，つまり，他者との間で安心していられたり，自分らしくいることが難しい状況にある人は，自分が思っている自分と，周囲の人にこう思われているだろうという自分の乖離が大きくなると予想されます。このようにして，「居場所」がある場合にはアイデンティティの感覚が高まり，居場所がない場合にはアイデンティティの感覚が低下するのでしょう。

[2] 居場所と精神的健康

　そのほかにも，抑うつや精神的健康との関連も指摘されており，とりわけ，他者とともにいる居場所（社会的居場所）があることが，こうした精神的健康に寄与することが指摘されています（石本，2010）。他者との間で居場所を感じられるということは，相手を信頼しているということでもありそうです。そうであれば，悩みを抱えたときや，困りごとを抱えたときに，他者を頼ることができ，サポートを得やすいでしょう。また，その関係のなかで安心して落ち着いた時間を過ごせるということ，自分らしさを実感できるということ自体が，心の調子を整えてくれるところもあるでしょう。仕事や学校で何か失敗をしたときにも，「それでもいいじゃないか，大丈夫」と受け入れてくれる他者がい

ることは，自分が自分を肯定していくことの支えになることでしょう。

[3] 複数の居場所を持つことの意義

　また，私たちはいくつかの場や集団，組織に所属しながら生活しています。例えばこころちゃんも，家族と暮らしながら，学校のクラスの友だちと付き合い，部活動をしていれば，クラスとはまた違った友だちと関係を持っているでしょう。もしこころちゃんがアルバイトをしていたら，アルバイト先の人間関係もあるでしょう。昨今では，SNS などインターネット上で居場所を作ることも可能です。このように，「居場所」となる可能性がある場や集団を，私たちは複数持っていることが多いですが，「居場所」が多いほど，心理的にはより健康的になる傾向があるようです（内閣府, 2017）。仮に，いずれかの所属先で人間関係のトラブルを抱えたり，問題が発生しても，他に居場所があれば，そこがいわば一時の逃げ場のように機能し，大きく調子を崩すことなく落ち着いて立て直しを図ることができそうです。

5　居場所は見つけたり，作ったりするもの？

　ここまでの話で，「どうも居場所とは，人の心にとって大事らしい」と伝わったのではないかと思います。それでは，こうした居場所はどのように生まれたり，あるいはなくなったりするのでしょう。居場所のない苦しさを抱えているときには，どのようにすればよいのでしょう。

[1] 居場所は変化する

　考えてみれば当然の話ですが，外的な現実における居場所は，ずっと同じようにあり続けるわけではありません。例えば高校生のこころちゃんにとって，仲の良いクラスの友だちとの関係を居場所と感じられているとしましょう。この居場所がずっと存続してくれれば言うことはないですが，時間とともに変化する可能性はあります。何かのきっかけで友だちと決裂してしまったとか，そうでなくても，高校卒業と同時に，だんだんと疎遠になってしまうこともあるかもしれません。また，別のたとえですが，家庭や家族が居場所だと感じられ

ている場合はどうでしょう。この場合でも，例えば，親が離婚したりして家族の形態が変われば，居場所としての機能は変化してしまうでしょう。こころちゃんのお姉さんが結婚して家を出たとき，ひょっとすると，こうした家族の機能の変化があったかもしれませんね。また，相手や環境の変化ではなく，自分自身の変化によっても，それまで居場所だった場所や関係が，そうでなくなるということもありえます。例えば青年期は，成長に伴い，第二次性徴など身体的・心理的に大きな変化が生じる時期で，他者との関係の持ち方も変わります。このような変化の大きい時期には，居場所が失われやすいと，富永・北山（2003）は述べています。自分が変化することで，周囲との関係が変化するのです。このように，居場所とは，他者や環境とのあいだに生まれるものである以上，常に変化の可能性をはらむものであり，場合によって，居場所がなくなったりして，苦しい状況に陥る可能性があります。

[2] 提供される居場所，形成される居場所

　もしみなさんが「居場所がない」という状況に陥ってしまったら，「なんとかして居場所を作らないと」「どこかに居場所を見つけないと」と思うかもしれません。そして，シンプルに考えれば，安心して自分らしくいられるような相手や集団を見つければよいとなるかもしれません。しかし，「言うは易し」で，実際これはそれほど簡単なことではありません。「見つける」とか「作る」というと，自分の頑張り次第，というニュアンスが滲んでしまいますが，同時に，実は相手次第という側面もあります。例えばクラスのなかで居場所を作るために，あるグループに入れてもらおうとしたとします。このとき，もし，グループの側がみなさんを歓迎しなければ，そこが居場所になる可能性は低そうです。あるいは，かなり無理をして，そのグループから求められるようにふるまう形で——つまり，自分を偽ったり演じたりする形で——，なんとか所属することを許されたとしましょう。しかし，そのようにして確保された「居場所」は，もはや，「安心して，自分らしくいられる場所」ではないかもしれません。それでも，クラスの誰ともちゃんとつながれていないよりはマシだという考え方もできるかもしれませんが——。

　つまり，居場所には，相手や環境から「提供される」という面があるのです

ね。先にも出てきたウィニコットは，赤ん坊の居場所ということを考えたとき，環境としての母親から適切にニードをくみ取ってもらえることで，母親から提供される環境に依存することができ，「いること」ができると考えました。生まれたばかりの赤ちゃんは無力な存在で，養育者からの育児に全面的に依存することで生きています。赤ちゃんがいられる環境（居場所）が母親から提供されるというのはうなずける話です。赤ん坊に比べれば，成長した私たちは自分でできることは増えていますが，他者や環境を自分の思い通りにコントロールすることなどできませんから，環境や相手が自分を受け入れてくれる，つまり，他者の側から居場所を「提供される」という側面があることに変わりありません。

　なお，このように書くと，今度は，他者の方が自分よりも力が大きいように感じられてしまうかもしれませんが，実際には，こうしたプロセスはしばしば無意識的で，相手側の意識的なコントロールも超えたものでもありそうです。誰かとこれから知り合って仲を深めていこうとするときに，「自分がこの人の居場所になってやろう」などとは，誰も思っていないでしょう。どちらかが一方が，居場所に関する権利のようなものを持っていて，それを相手に与えてやるというのではなく，2人（ないしは複数）の人間が深い関係で結ばれたときに，彼らのあいだに，彼らにとっての「居場所」が生まれるのです。ですから，厳密にいえば「提供される」というのも正確ではなく，本当は，「生まれる」とか「形成される」ものといった方がよいかもしれませんね。

6　おわりに──居場所と心の支援

　それでも，「そんな運任せのような悠長なことは言っていられない，どうにも居場所がなくて苦しい」，というときもあるかもしれません。

　そもそも，どこにも居場所のない苦しさとは，どのようなものでしょう。

　私たちは，みな一人ひとり違う，個性を持った存在で，同じ人間はだれ一人としていません。つまり，私たちはそれぞれが唯一無二の存在であり，本質的に交換不可能な存在です。この，交換不可能な私という人間が，その個別的なありようのもとに他者から受け入れられ，存在を認められていると感じられる

こと，つまり，「人とは違う個性があり，良いところも悪いところもある私として，それでもこの世界に存在していていいのだ」と感じられることは，私たちの心の健康を根底から支える重要な感覚です。「どこにも居場所がない」苦しさとは，まさに上記の感覚が揺るがされている苦しさといえます。

　このようなときには，フリースクールのように「居場所」を提供するような施設やカウンセリング・心理療法などの心理的援助が意味を持ってきます。例えば妙木（2003）は，心理療法を「仮の居場所」と捉えています。「仮の」と付いているのは，ずっと続く関係ではなく，いつかは終結して別れることを前提とした関係だからです。心理療法では，援助者（セラピスト）は相談者（クライエント）の心を理解し，ありのままを受容しようと努めます。そうした関係のなかで，クライエントは安心感や信頼感を持てるようになり，自分の悩みや考え，価値観など，自己のさまざまな側面を表現し，自分自身に向き合っていきます。このように，セラピストとの間で安心でき，自分のありのままの心を表現したり考えたりできて，それが受容されるというのは，心理療法が「居場所」として機能しているということです。この過程を通して，クライエントは自分自身について理解を深め，受け止めていくとともに，だんだんと，自分は誰かといても安心できるし，どこにいても，それなりに大丈夫そうだという感覚が育まれていきます。いわば，自分自身の心が，自分の居場所になっていくといってもよいかもしれません。このようになると，セラピストだけでなく現実の他者との間でも，おのずと居場所が生まれるようになるかもしれません。「どこにも居場所がなくて苦しい」というときには，自分でなんとかしようとするだけではなく，こうした「仮の居場所」を頼ることができると，苦しさを和らげることにつながっていくと思われます。

どうして人は言葉を話すの？

ある日お父さんが「川の水はどこから来ると思う？」と謎の問い。答えを探しにドライブに行くことになりました。出町柳の鴨川デルタから北西へと遡り，雲ケ畑のくねくね道をたどって「岩屋山志明院」に到着。山門から奥へ奥へ，階段を上った洞窟が賀茂川の源流です。こころちゃんとお父さんがしたたり落ちてくるしずくを眺めていると，「赤ちゃんの言葉も，初めはこんな感じなのかもね」と高井先生が声をかけてくれました。

岩屋山志明院

▶志明院の山門（奥に賀茂川の源泉）

◀山門の額

京都市内を南北に流れる鴨川は，北西からの賀茂川と北東からの高野川とが合流した川です。賀茂川上流の「志明院」は平安時代に弘法大師の名でも知られる空海によって建てられ，今も住職が森や小川を整備しながら，その初めの一滴が守られています。

子どもの発話も，初めの一滴である発声から多様な音声へ，語彙が増え，文章になり，文学や思考につながる……一滴の水が豊かな川になり海に注いでいくイメージと似ています。言葉の世界を源泉からたどっていくのも発達心理学の面白さです。

おさんぽ6 どうして人は言葉を話すの？ 75

こころ

犬のコロ助，動作や鳴き声でお話しするし人の言うこともわかるけど，話すことはできません。0歳のメイちゃんは何か言うけどまだ言葉ってかんじじゃない……。何がどう違うのでしょうか？

高井直美
先生

動物も発声や身振りでコミュニケーションしているけれど人とは何かが違うし，人間でもメイちゃんのような赤ちゃんは，まだお話ができません。どのようにして人間は言葉を話せるようになったのか，何のために話すようになったのか……動物の進化や赤ちゃんの言葉の獲得プロセスから，一緒に考えてみましょう。

1　言葉のルーツ──動物から人間へ

　こころちゃんは犬のコロ助を飼っているのですね。私は1匹のモルモットを飼っています。こころちゃんはコロ助と仲良しならば，コロ助の気持ちがわかるでしょう。私も，モルモットと一緒に暮らしていくうちに，その気持ちは少しわかるようになってきました。例えば，うれしいとき，興奮しているときは，「キュイキュイキュイ」と甲高い声で鳴き，不愉快な時は「ブルル…」と唸り声を上げます。お腹が空いたときは，ケージの入り口から飼い主がいる方向に身を乗り出して無言で訴えかけますが，誰も反応しないと，ケージの枠をかじり大きな音を立てます。この訴えは，飼い主が近づいてエサがもらえるまで続きます。「報酬（ここではエサ）」を得るために特定の反応を形成することは，心理学では「**オペラント条件づけ**」と呼ばれています。このように多くの動物は，発声や行動でコミュニケーションをしますが，人間のような言葉は話しません。

　そもそも人間は動物から**進化**してきたといわれますが，人間の祖先はどのようにして言葉を話すようになったのでしょうか？

[1] 人間は進化の過程でどのように言葉を話すようになったのか

　この謎について，明確な証拠はありませんが，いくつかの興味深い仮説があります。秦野（2017）は，「鳥のさえずり」と「大型類人猿の身振り」に人間の言葉の起源がみられるとする説を紹介しています。

　まず**「鳥のさえずり」起源説**に関係して，高橋ら（2020）は，聞いた音声を真似して新しい音声レパートリーにする発声学習ができる動物は少なく，霊長類では人間のみ，他の哺乳類では鯨やアザラシ，コウモリ，ゾウに限られ，鳥類ではウグイス，ジュウシマツなどのスズメ目（鳴禽類），オウム目，ハチドリ目の3系統に限られているとしています。そして特に鳴禽類の鳥の歌は音が一定の規則に従って発声され，その音や並び順が学習によって獲得されるという点で人間の言語獲得と似ていると指摘しています。

　岡ノ谷（2018）は，ジュウシマツのオスは求愛の歌を親から学習し，その歌には「歌文法」と呼ばれる音の分節構造がみられると述べています。もともとは求愛など情動と結びついた歌表現が状況を分節化していき，言葉に進化したのではないかと考えるのが「鳥のさえずり」起源説です。

　人間の子どもでは，生後1年間に発声のしかたは大きく変化します。新生児期の「オギャアオギャア」という泣き声に始まって，生後2ヶ月くらいになると「クー」「グー」といった「クーイング」と呼ばれる音声が出てきます。クーイングは笑い声や人とのやり取り的発声にもつながっていき，0歳後半には「bababa」「padabu」のように子音と母音による音節が反復する「喃語」が出てきます（権藤, 2017）。これらの発声は，言葉になる前段階のものですが，快不快などの気持ちは表現されていますので，このように発声を繰り返しながら次第にさまざまな感情のこもった音声を出せるようになる人間の0歳児の姿は，鳥の発声学習とよく似ています。

　もう1つの**「大型類人猿の身振り」**起源説は，チンパンジーなどの身振り（ジェスチャー）の観察から唱えられたものです。コーバリス（Corballis, 2002）は，チンパンジー，ゴリラなど人間以外の大型類人猿は，手を使ったさまざまな身振りを飼育下でも野生でも「社会的文脈」で自発的に使っていることを紹介しています。「社会的文脈」とは，遊び，攻撃，なだめ，食事，性行動，グルーミングなど他者との関係が生じる状況のことで，これらの場面で相手に対して

身振り表現がなされます。このようにチンパンジーは，身振りを用いて他の個体と活発にやり取りしますが，発声器官の構造が未熟なため，音声での表現は，威嚇場面など特定の状況や感情表現に限られています。そこでコーバリス（2002）は，大型類人猿の発声ではなく身振りが，人間の言語に進化したのではないかと考えました。

　人間の子どもは，生後8，9ヶ月頃になると，大人の真似で両手を打ち合わせるようになったり，1歳頃には指さしをして自分の要求を表現したりします。多くの子どもでは，言葉での表現が発達する少し前にこのような身振りでの表現が始まるので，大型類人猿の身振りは，人間の子どもが言葉を話す前段階の行動と大変よく似ています。

　このように鳥のさえずりも大型類人猿の身振りも，人間の乳児が言葉を話すようになる前の姿と共通点がみられます。しかし，鳥や大型類人猿は，人間のように音声でさまざまな事柄を表現して，その場にないことも話題にしたおしゃべりをすることはできません。

　どうして人間だけが複雑で高度な言葉を話すようになったのでしょうか？

[2] 人間は何のために言葉を話すようになったのか

　少し見方を変えて，人間は進化の過程で「なぜ，何のために」言葉を話すようになったのかについて考えてみましょう。この問いの回答として有名なのが，ダンバー（Dunbar, 1996）による「**猿や類人猿の社会的な毛づくろい**」が人間の言葉に進化したとする説です。

　ダンバーは人間に近いとされる猿や類人猿が，仲間と親密に肉体的に触れ合っている「毛づくろい（グルーミング）」が仲間との同盟関係を強化する役割を持つことに注目しました。そして，人間は多くの仲間と同盟関係を作って生存に有利な大きな集団を作る必要性に迫られたことで，身体接触を必要とする「毛づくろい」による関係から，身体接触が必要ではない言語による社会的関係へと進化したのではないかと考えたのです。

　またダンバー（1996）は，猿や類人猿においては，**大脳の「新皮質」**の大きさと群れの大きさに正の相関がみられることに着目しました。「新皮質」とは，人間では前頭葉，頭頂葉，側頭葉，後頭葉から成る高度な精神活動に関係する

部分です。つまり新皮質が発達している高い思考能力のある猿や類人猿が，仲間を構成する群れを大きくしたことから，脳の進化は社会的関係の拡大をもたらしたのではないかと考えられます。よって，人間が大きな仲間，社会集団を作っていくためには，言語や思考能力を進化させることが重要だったのでしょう。つまり，人間の言葉は，進化の過程で，人が社会を作るために役立ったのではないかと考えられます。

　次に人間の子どもがいかにして言葉を獲得するか，そして言葉の獲得が子どもに何をもたらすのかをみていきましょう。

2　人間の子どもの言葉の発達

　先に述べたように，人間の子どもは，**音声言語**を獲得する前の 0 歳後半頃から，**身振り**を使ったコミュニケーションを始めます。また 1 歳頃には指さしで，興味のある対象を示したり，要求を表現したりするようにもなります（図 6-1 参照）。話し始めの時期には個人差がありますが，多くの場合 1 歳頃から「マンマ」「ワンワン」など片言の言葉を話すようになります。そして最初は，子どもが話す言葉の数は一つひとつゆっくりとしたペースで増えていきます。

　ところが，小林（2005）が述べているように，自発的に産出できる言葉が 50 語くらいを超えると言葉の数が急に爆発的に増えるようになります。語彙数が爆発的に増加する時期は 1 歳半頃とされていますが，子どもによって個人差はあります。この時期に，いったい子どもに何が起こっているのでしょうか？身振りや言葉がどのように発生し発達するのかについて，実際の子どもの姿からたどってみたいと思います。

図 6-1　母親の傍で指さしをしている 1 歳児

[1] シンボルの形成とは？

　人間の言葉は「**シンボル（象徴）**」の一種です。「シンボル」とは何か，岡本（1991）の挙げた例で説明します。まず子どもが鉛筆を持って特急電車を想像し

ながら遊ぶ場面を思い浮かべてみてください。鉛筆を特急電車に見立てている
のですが，実際の特急電車はその場にないため，子どもの頭の中には特急電車
のイメージ（「表象」と呼ばれます）が浮かんでいると思われます。想像した
ものを別の形態で表現するのが「シンボル」で，ここでは鉛筆が「シンボル」
です。鉛筆のような物だけでなく，（身振り）動作や言葉も「シンボル」にな
ると岡本（1991）は述べています。

[2] どのようにして身振りが発生するのか

　私はかつて1名の子どもがシンボルとして身振りと音声言語を獲得する過程
について，観察を行いました。研究の詳細は，高井・高井（1996）に示してい
ますが，その中から身振りでの表現がどのようなきっかけで始まるのかについ
て，たどってみましょう。

　観察した子ども（以下M児と呼びます）は生後7，8ヶ月頃から大人の真似
で身振り動作をしていましたが，11ヶ月以降には単なる真似ではなく，状況
に応じて自発的に身振り動作を行うようになりました。M児が身振りを獲得
したきっかけは，多くの場合大人の真似でした。毎日の生活で目にする「バイ
バイ」を表す手を振る身振りや「いただきます」「ごちそうさま」を表す両手
を合わせる身振りは，早くから真似していました。

　また，自分が行った行為を表現手段として利用したり，ある対象で獲得した
身振りを別の対象を示すのに使ったりすることもありました。例えば1歳0ヶ
月の時期，カップを口にあてる自分の行為から，カップを表現する「指を口に
くわえる身振り」が始まり，1歳1ヶ月の時期，大人の模倣で鳥を表す「両手
をバタバタさせる身振り」をするようになってから，1歳2ヶ月の時期，自発
的にチョウチョでも同じ身振りを用いました。

　このように，身振りの獲得過程をみていくと，幼い子どもで獲得しやすい
身振りの特徴として，①日常生活の状況や自分が行った行為と結びついてい
ること，②身振りと指示対象との間で視覚的な類似性があることが挙げられ
ます。

　1歳2，3ヶ月頃までは，M児にとって身振りは物の名前を表現する大切な
手段でしたが，やがて音声言語の語彙数が増えていくと，身振りの出現頻度が

減っていきました。なぜ言葉の発達の過程で，身振りは減少し，音声言語に取って代わられたのでしょうか？

[3] 身振りから音声言語へどのようにして移行するか

　高井・高井（1996）は，M児が1歳1ヶ月20日から1歳6ヶ月21日までの期間，合計5回，絵本の11枚の絵に対してどのような反応をするか調べました。これらの絵には，大人が身振りと音声言語の両方をM児に対して示してきたのですが，各絵に対してM児が「身振り（以下Gと表記）で表現」「音声言語で表現」「身振り（G）と音声言語の両方で表現」のどれを用いるかについて，以下の表にまとめました。

　例えば，「スコップ」の絵を見て，1歳1ヶ月と1歳2ヶ月は砂を掘る身振りGで表現していたのですが，1歳3ヶ月は「ックック」（大人は「スコップ，ザックザック」とスコップで掘る様子を擬態語で表現していたのでその音声模倣）と発声しながらGを行い，1歳5ヶ月では「チュコップ」と言いながらの

表6-1　11枚の絵に対する反応の変化（高井・高井, 1996 に基づき作成）

絵	1歳1ヶ月	1歳2ヶ月	1歳3ヶ月	1歳5ヶ月	1歳6ヶ月
スコップ	G	G	G＋ックック	G＋チュコップ	チュコップ
ゾウ	G	G	G＋ゾウ	G＋ゾウ	ゾウ
眼鏡	G	G	G＋メー	G＋メ	メガネ
ウサギ	G	G	G	G＋ピョンピョン	ウチャーギ
鶴	G	G	G	ツル	n.r.
だるま	G	G	n.r.	アップップ	アップップ
うま	パッパ	G	G	n.r.	ウマチャン
カップ	カッ	G	カップ	カップ	ギュウニュウ
サル	アッアッ	アウ	アウ	G＋アイアイ	アイアイ
鳥	n.r.	n.r.	G＋ト	チッチ，トーリ	チッチ
ラッパ	G＋ブウ	G＋ブウ	プップ	ラッパ	ラッパ
Gのみ	6	8	3	0	0
音声言語のみ	3	1	3	5	10
共起	1	1	4	5	0

注）Gは身振り動作，n.r. は無反応，数字は月齢ごとの各反応出現数（11 枚中）。

Gとなり，1歳6ヶ月には「チュコップ」と物の名前を表す音声のみの表現となりました。絵によって若干経過は異なりますが，全体的にみると，最初は身振りあるいは音声表現どちらか一方だったものが，音声と身振りの両方での表現を経て，1歳6ヶ月頃には音声言語のみになっていきました。例外は「ラッパ」で，1歳1ヶ月からG（口に手を加える動作）と「プウ」という音声が共起していました。「プウ」は短い擬音語で身振りしながら発声しやすいため，早くから音声と身振りが同時に現れたのだろうと推測しました。

　M児の場合，2つの言葉をつなげて話す「二語発話」が始まったのは1歳3ヶ月以降でしたが，1歳5ヶ月には50近くの「二語発話」が観察され，1歳5,6ヶ月の頃，語彙が急増していました。身振りに音声言語が加わったり，身振りがなくなり音声言語のみに移行したりすることは，二語発話の開始や語彙の爆発的増加と関連があるのかもしれません。

　ここで1つの身振りで，「二語発話の始まり」と「身振りの消失」のプロセスを見ていきましょう。M児はぬいぐるみが大好きで，0歳後半の時期からよくぬいぐるみを抱きしめていましたので，その都度大人が「かわいいね」と言葉かけをしていました（図6-2参照）。

　1歳になるとぬいぐるみを抱きしめるとき以外にも，動物を見て，空の手で抱きしめる身振りを行って，自分から〈かわいい〉を示す表現を行うようになりました。やがて，1歳4ヶ月には，「カーイーナ」という言葉が言えるようになり，言葉と身振りの両方で〈かわいい〉気持ちを表現していたのですが，まもなく言葉だけで「○○（アニメの登場人物名），カーイーナ」「カーイーナ，△△（他の人物名）」と二語発話での表現が始まりました。そして二語発話が始まって以降，空の手で抱きしめる身振りは消えていきました。

　このように，他の身振りでも二語発話での表現が出現すると消えていく傾向が見られました。身振りは，視覚的に実際の物や具体的な状況を連想しやすいので，幼い人間の子どもでも最初は利用し

図6-2　ぬいぐるみを抱きしめている10ヶ月児

やすいコミュニケーション手段です。しかし，一度に表現したい事柄が増えていき，2つの単語を自由に組み合わせるようになると，音声言語の方が，身振りよりも便利な表現手段になると考えられます。

　また発達初期に現れる身振りは日常的な状況に結びついた表現であるため，子どもと親密な家族の中で使われますが，普段その子どもとともに過ごしていない他者には通じにくいようです。一方，音声言語は家族以外の人々とも共通の記号として，より多くの人に理解されやすくなります。このことは，先に紹介したダンバーの「毛づくろい（グルーミング）の進化仮説」で，「音声言語が親しい仲間との関係から，広く社会的関係を広げることに役立つ」と指摘している点と共通しているように思われます。

3　コミュニケーションから思考へ

　ここまで，動物においても人間においても，身振りや発声が他者とのコミュニケーションの手段として用いられることを示しました。ところで，人間の子どもを見ていると，他者とのコミュニケーション場面以外でも，言葉を話していることに気がつきます。例えば，3歳児がジクソーパズルをしながら，「コレ，ドコ？　ア，ワカッタ」など1人で話したり，絵本を親に読んでもらった後，1人で絵本を見ながら（まだ字は読めないのに）絵本の内容をひとりごとで語ったりしていることがあります。

　次に他者とのコミュニケーションとひとりごととの関係について，考えてみましょう。

[1]　「ひとりごと」は何のために？

　なぜ子どもは「ひとりごと」を話すのでしょうか？　子どもの「ひとりごと」の意味については，20世紀前半に行われたロシアのヴィゴツキーとスイスのピアジェの論争が有名です。2人とも20世紀を代表するすぐれた発達心理学者です。

　ヴィゴツキー（Vygotsky, 1934）は，ピアジェが「幼児の言語は大部分が自己中心的である」と主張したことを批判しました。ピアジェにとって，幼児期

は自己中心的思考の段階で,「ひとりごと」は,社会化される前の未成熟な「自己中心的言語」でしたが,ヴィゴツキーはそれに反対し,「ひとりごと」はコミュニケーションのための言語（**外言**）から,思考のための言語（**内言**）への移行を示すもので,決して未熟な言語ではないと主張しました。

そして,ヴィゴツキー（1934）は,言語には他者との間のコミュニケーションとしての機能をもつ「外言」と思考の機能がある「内言」があることを示しました。発達の早い時期には,言葉はコミュニケーションのための言語（外言）のみですが,まもなく外言から「ひとりごと」が分化し,さらにそれが内化して,思考のための言語（内言）に移行すると唱えました。対人関係の中で発達した心の機能が,子どもが1人で行う心の機能に変化する発達の筋道を示したヴィゴツキーの理論は,発達心理学や教育心理学の分野で,今日でもさまざまに影響を及ぼしています。

[2] コミュニケーションの言葉はどのようにして「ひとりごと」に移行するのか

それでは,ヴィゴツキーがいうように,コミュニケーションの中で言葉を獲得していく子どもが,「ひとりごと」や思考を発達させていくプロセスは実際どのように起こっているのか,子どもの観察から探ってみましょう。

私はM児のその後の言葉の発達から,他者とのやり取りの言葉を子どもがそのまま使って,やがて自分に向けていく言葉にしていく経過を観察しました。研究の詳細は,高井（2002）に示していますが,その一部を紹介します。

観察1　1歳7ヶ月7日:母が持っている綿棒を取ろうとして,「ドウゾ,アート（ありがとう）,イイヨ」と言った。

これは「ひとりごと」ではなく,母のいる前で,自分と母との会話を勝手に作り上げた例です。コミュニケーションの形態をとりながら,実はちゃっかり自分の欲求を表現しているという点が面白いです。

同様に次の例では,M児は1人の状況で,母が言うはずの言葉を話しました。

> **観察2**　1歳8ヶ月25日：母のノートに落書きを以前から行っていた。その場合，母が「書いていいよ」と言ってペンを渡していた。この日，母が隣室にいる状況で，1人で「カイテイイヨ」と言ってペンを手に取りなぐり描きをしていた。

　この例も自分が都合の良いように他者の言葉を再現していますが，他者が側にいない状況で話している点，つまり「ひとりごと」になっていることが観察1と異なる点です。そして間もなく，自分で自分に話しかける「ひとりごと」も観察されるようになりました。

> **観察3**　1歳9ヶ月25日：おやつのとき，ミカンのかじりかけが残っていたのを見て，「ドウシヨウカナー，ミカンタベヨウカナ」と言ったが，結局食べなかった。

　この例では，幼いながらも自問自答する思考の芽生えがみられます。M児の観察から，子どもが自分の思考を形成するためには，他者とのコミュニケーションの経験がその基盤を作ることが示唆されました。
　同様のことは，スモルチャ（Smolucha, 1992）において，生後14ヶ月から28ヶ月までの子どもの観察のなかで見出されました。そこでは「ひとりごと」が話される以前に，似通った発話が母親との社会的な会話のなかでなされていました。ヴィゴツキーの理論にあるように，他者とのコミュニケーションの言語が土台になって，そこから自分との会話である思考の言語が分化していることが窺えます。

[3] 言葉は人間にどのような恩恵をもたらしたのか

　以上のことをまとめると，動物から人間への進化の過程では，言葉はコミュニケーションの手段と捉えられてきましたが，人間の子どもの発達過程では，さらに言葉が心の中の対話として人間の思考を担うものになっていくことがわかります。人間が他の動物に比べて高度な精神機能を持ち，さまざまな文明を築いていったのは，**コミュニケーション言語**から**思考言語**を進化させることが

できたからではないでしょうか？

4　おわりに

　動物から人間への進化のプロセス，そして人間の子どもの発達するプロセスについて比較検討することで，言葉の発生に関係するいくつかの謎について探ってきました。しかし，人間の言葉がどのように出来上がってきたのかについては，まだまだ多くの謎があり，現在も新しい説が出されています。

　例えば，今井・秋田（2023）は，擬音語，擬態語，擬情語を含む「オノマトペ」が言語の起源や本質を知るうえで重要であることを指摘しました。そして，「オノマトペ」には，言語音で対象を模倣的に写し取る**アイコン性（類似性）**があり，音と意味のつながりがみられること，それゆえに言語の進化や子どもの言語習得の謎を解明する核になると説明しました。今井・秋田（2023）は，さらに現代の言葉の多くが，「なぜオノマトペとは違って音と意味のつながりのない言葉なのか」という謎についても，人間の推論様式に関する独自の仮説を立てて説明しています。

　本章で紹介した類人猿や人間の子どもの身振りも，表現するものと表現媒体の間にアイコン性（類似性）があるという点ではオノマトペと共通しています。オノマトペが聴覚的なアイコンであるのに対して，身振りは視覚的なアイコンです。人間の言葉がどのような仕組みで進化したのか，身振り動作からの進化なのか，オノマトペを含む発声からの進化なのか，あるいはそれらを両方含む進化なのか，さらなる解明が求められます。

　以上，こころちゃんの「どのようにして人は言葉を話すようになったのか」という問いに対して，私は，「鳥のさえずりあるいは大型霊長類の身振りから，人間の言葉に進化した」という**系統発生**の仮説と，人間の子どもで発声や身振り動作が音声言語に発達する姿から，お答えしました。また「何のために人間は言葉を話すのか」という問いについては，言葉は対人関係，集団を作る社会的機能をもつこと，さらに高度な精神機能すなわち思考をもたらすことの2点から説明しました。

　最後にこころちゃんや読者のみなさんに，私からお勧めしたいことがありま

す。それは，私が行ったように身近にいる子どもが言葉を獲得していく過程を観察することです。

こころちゃんは，時々メイちゃんと会う機会があると思います。メイちゃんのような赤ちゃんが，どのように身振りや言葉を使って，人とコミュニケーションをするようになっていくのか，またひとりでどんな言葉をつぶやいているか，見守ってください。

言葉の発達が，メイちゃんの他者との関係や思考の発達にとってどのような変化をもたらすのか発見できると，それは言葉の誕生の謎に近づく一歩になるでしょう。

 こどものコトバ

日常生活で子どもが話す言葉から，子どもがどのように世界を認識しているのか？何に興味があるのか？について知ることができます。かつて私たちは，一般の方々から，子どもの面白い言葉のエピソードを募集して，小冊子にまとめました（京都ノートルダム女子大学心理学部・大学院心理学研究科, 2012, 「こどものコトバ」）。

その中からいくつかの興味深いエピソードをご紹介します。

① 自転車の前かごに乗って，空を見上げて両手を差し出し，お月さまに向かって，「アチャマ（お月さま）おいで！ ……あれぇ？ こないねぇ」（2歳女の子 みーちゃん）
② 母が「今日は曇りだね」というと，「くもり？ 太陽と雨はかくれんぼ」（2歳男の子 カヨコ）
③ 夜空に上がった打ち上げ花火を初めて見て「ママ，みてみて！ お化けさんがお空で花火したはる！」（3歳女の子 もあ姫）
④ 母が「今日はお月さま見えないね」というと，「今日はお月さま，もうごはん食べて，お風呂入って早く寝ちゃったのかな」（3歳男の子 けんちん）
⑤ 街路樹の葉が風に吹かれて落ちているのを見て「木はなんで葉っぱ落としているのかな～？ 寒くなってふるえているからかな～」（3歳女の子 みずひめ）

おさんぽ6　どうして人は言葉を話すの？　　87

　これらの言葉からわかることは，子どもにとって，お月さまは呼んだら来てくれそうな親しい存在で，人と同じように飯を食べたりお風呂に入ったりしています。そして，太陽，雨，お化けが，お空で，あたかも人の子どものように，かくれんぼや花火のような遊びを行っているという壮大なスケールの空想をしています。

　このように，人間以外のものに対して，人の心や行動をあてはめることを「擬人化」と呼びます。子どもの「擬人化」は，かつては「未熟な世界の見方」とされていましたが，現在では子どもが最もよく知っている人間についての知識を他のものに当てはめる「子どもなりの推論」で，その後の認知発達にも役立つと考えられています。

　また⑤では，自然現象について「なぜ？　どうして？」という問いを自分で立てて，自分で答えを導こうとしている，考える姿を見ることができます。このように子どもは，因果関係には敏感で，出来事の原因を知りたいという好奇心はとても強いのです。

　次のエピソードは，原因と結果についての子どもの素朴な疑問です。

　⑥「お野菜いっぱい食べたらお肌つるつるになるねんで」とママに言われて野菜を食
　　べた後，「お肌さわって」と言うので，ママが「つるつるになったわ！」とほめると，
　　今度はママのほっぺをさわり，「ママはなんでいつも野菜食べているのに肌ザラザ
　　ラなん？」（4歳女の子　YM）

　子どもの「なんで？」と言う質問に，この後ママはどのように答えたのでしょうか？小さな子どもでも，論理的に考えているということを教えてくれるエピソードです。（高井直美）

周りの世界をどんなふうに見ているの?

お姉ちゃんと街に買い物に出かけたこころちゃん。お姉ちゃんが「御所の桜が満開らしいから，歩いて帰ろうか」というので，京都御所へのルートを調べ始めました。ところが地図が苦手なこころちゃん，ノロノロしてたら「しっかり見てよ！」と叱られる始末で，なんとか御所に辿り着いたもののギクシャクした雰囲気になってしまいました。ベンチでため息をついていたら「どうしたの？」と菊野先生が声をかけてくれました。

京都御所

▼空から見た京都御所

▲御所北東角の「欠け」

京都御所は794年の平安遷都から明治政府発足後の1869年まで，天皇が住み政を執り行った所です。御所の建物はどれも高い塀で囲まれ，北東角の塀だけがへこんでいます。北東は鬼門，隅を削って角をなくせば，邪悪な鬼の侵入を除けられるのだとか。さらに，魔除けの象徴「猿」も祀られ「猿ヶ辻」と呼ばれます。鬼門除けにはこの「欠け」という方法のほか，祠や白石を置いたり，南天や柊を植えたりもします。東本願寺などの寺や城の濠，一般住宅でも見られますから，鬼門探しの街歩きもおすすめです。

おさんぽ7　周りの世界をどんなふうに見ているの？　89

こころ

お姉ちゃんと私，物の見え方や印象への残り方がちょっと違うみたい。同じ家で育った姉妹なのに，そういうことってあるんでしょうか？

菊野雄一郎
先生

「見る」のほかにも「視る」「観る」などの漢字があるように，「みる」ことはとても奥深いものです。こころちゃんの問いをもとに，そのメカニズムを知り，私たちが日常生活の景色をどのように見ているのか，考えてみましょう。

1　ものの見え方

　日常生活で私たちは，視覚，聴覚，嗅覚，味覚，触覚などの感覚を通して外界を理解しています。ここでは「見る」という視覚に焦点を絞って，私たちが自分の周りの世界をどのように見ているのかについて考えていきましょう。

　私は目の前の風景がどのように見えるのかについて研究をしています。特に，視覚認知にどの遺伝子が関係しているのか，また視覚認知が社会や文化によってどのように影響するのかを調べています。研究を通して「見る」という単純に思われる行為の中に，自分では気づいていない多くのことが含まれていることを知り，神秘的な世界だと感じています。この謎多き視覚認知の世界をみなさんも一緒に探検していきましょう。

[1] 視覚と注意：「しっかり見る」と「ボーッと見る」の違い

　こころちゃんは，お姉さんから「しっかりと見なさい」と言われ，「しっかり見る」ことと「ボーッと見る」ことに違いはあるのか疑問を持ったようです。以下ではこの2つの「見る」の違いについて考えていきましょう。

　図7-1を見てください。みなさんはこの図の中に何か見えますか（答えは本章末（p. 96））。図を初めて見た人の多くは，意味のない「点の集まり」に見えるでしょう。しかし，時間をかけて見ていると，もしくは「この中に動物がいるよ」などの手がかりを与えられると，ある生き物が見えてきます。このように，

図7-1 この図の中に何が見えるか

あらかじめ知識や手掛かりを持つことで，図の中に形や意味のあるものが知覚されます。これは，見る人の構えや知識がいかに見えるかという知覚に影響することを示しています。

「しっかり見る」ことと「漠然と見る」ことの違いについて話を戻すと，「漠然と見る」という状態は，図7-1であれば外界の情報が受動的に「点の集まり」として目に入ることと考えられます。他方，「しっかり見る」という状態は，「生き物」として外界の情報の意味を捉えるなど能動的に目に入ることと考えられます。したがって，こころちゃんのお姉さんが言っていた「しっかり見る」ときは，あらかじめ外界についての予備知識や心の構えが重要になってきます。

[2] 図と地の分化：認識を支える機能

「しっかり見る」時の私たちの心の過程をもう少し詳しく考えてみましょう。さて，図7-2には何が描かれているかわかりますか（答えは本章末（p. 96））。ヒントは文字です。そろそろわかった方が多いのではないでしょうか。図には，アルファベットが書かれています。図の黒の部分に注意すると，文字は見えませんが，注意を白の部分に向けると文字が浮かび上がってきます。

このように私たちが外界を認識するときには，目の前の情報を注視する領域と背景となる領域に分けて，どの領域に注意を向けて見るかによって文字を認識できます。これを**「図と地の分化」**といいます。私たちは外界を見るとき，注意すべき領域である「図」と背景となる領域である「地」に分けて知覚することにより，外界を意味のあるものとして認識できるようになります。

図7-3と図7-4は，見え方が複数ある多義図形です。同じ図形でも，見る人

図7-2 図と地

図 7-3 ルビンの図形　　　　　図 7-4 多義図形

の知識や構えによって異なった見え方をします。図と地を分化の特徴として，図は前面に浮かんで見え，地は後方に引っ込んで見えます。また，複数の対象の見え方があっても，同時に2つの対象が見えるのではなく，一時には一つの対象しか見えないという特徴もあります。

[3] 見えないものを観る：主観的輪郭

例えば街中を歩いているとき，周囲に見える風景は店の看板，建物，乗り物などにあふれていますね。しかしすべての対象が完全な形で見えているわけではありません。店の看板が別の看板により隠れたり，一部が欠けていることがあります。そのような場合，私たちは見えない部分を補って見ています。図7-5を見てください。みなさんは何と書かれているように見えますか（答えは本章末（p. 96））。このように，一部が欠けた情報があった場合に，欠けた情報を推測するなどにより自発的に補って認識しています。

図 7-6 は，心理学者ガエタノ・カニッツァ（Kanizsa, 1955）によって考案された図形です。左側の図では上下が逆転した白い三角形が，右の図形では白い

図 7-5 隠れた文字　　　　　図 7-6 カニッツァの三角形・正方形
　　　　　　　　　　　　　　　　　　　（Kanizsa, 1955）

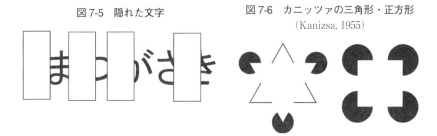

正方形が見えませんか。実際には,それぞれの図に白い三角形や白い正方形を隔てる輪郭は描かれていません。しかし,私たちには白い三角形や正方形が存在するように見えます。このような輪郭を「**主観的輪郭**」といいます。

主観的輪郭に囲まれた領域は,浮かび上がって見えるのが特徴です。存在しないものであっても,私たちにはそのものが補正されて見える補完機能によって主観的輪郭が知覚されます。

[4] 動物における主観的輪郭

主観的輪郭は,人間だけでなく動物も認識していることが報告されています。猫は,箱やカゴなど狭い場所に入り込む習性がありますが,図7-7のように床にテープで囲まれた領域を作るとそこに座ろうとします。

そこで,スミスら（Smith et al., 2021）は,猫の前に図7-8のような「主観的輪郭が認知されるデザイン」（カニッツァの正方形）と「主観的輪郭が認識できないデザイン」を印刷したマットを置きました。その結果,猫はテープで囲んだ正方形の輪郭と同じ頻度でカニッツァの正方形に自発的に座る傾向が認められました。この結果は,猫も人間と同じようにカニッツァの正方形を見て主観的輪郭を認識していることを示しています。

図7-7　床にテープで貼られた輪郭に座る猫（Smith et al., 2021に基づき作成）

図7-8　カニッツァの正方形に座る猫（Smith et al., 2021に基づき作成）

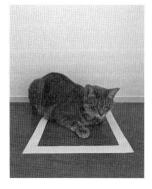

＊図7-7 & 7-8　猫モデル：山田岬／写真提供：篠沢薫

2　日常生活での知覚

[1]　風景の認識：文脈と知覚

　図7-9の2つの絵を見てください。ロフタスとマックワース（Loftus & Mackworth, 1978）は，この絵を見た人の視線をアイトラック装置で分析したところ，「トラクター」よりも「タコ」をより多く注視していることがわかりました。

　私たちが外界を見るときは，2つの異なるタイプの処理が行われています。1つは「ボトムアップ処理」で，画像に含まれる個々の事物（トラクター，タコ，建物など）を1つずつ見て，それら個々の処理を積み重ねて画像全体を知覚する心的過程です。もう1つが「トップダウン処理」で，画像の全体の文脈（農場）をまず認識し，その後この文脈に基づき個々の事物（トラクター，タコ，建物など）を認識していきます。このように，私たちが外界を理解する時は，ボトムアップ処理だけでなくトップダウン処理も同時に行っています。トップダウン処理では，文脈（農場）に合致し予測されやすい事物（トラクター）を認識することに違和感がなくあまり注視されません。しかし，文脈に合致せず予測されにくい事物（タコ）を認識することに違和感があり，より注視されると考えられています。目の前に見える場面の全体的な文脈を認識したものから個々の事物を認識しているようです。

[2]　文字の認識：ボトムアップ処理とトップダウン処理

　次に，文字の認識について見ていきましょう。私たちは新聞や本を読むとき，書かれている文章をどのように認識しているのでしょうか。以

図7-9　農場とタコ・トラクターの図
（Loftus & Mackworth, 1978に基づき作成）

下のAの文については，文中の4つの「きしゃ」をすべて異なる漢字に直してください。またBの文については，文の意味を考えて漢字と平仮名を使って書き直してください。それぞれの文に対する理解は，人によって異なります。

A. きしゃのきしゃがきしゃできしゃした。

B. にわにはにわがある。

なぜ同じ文であっても，人によって異なった認識をするのでしょう。それは，文を読むときにも，画像の認識と同じようにボトムアップ処理とトップダウン処理を行っているからです。文を認識する際のボトムアップ処理としては，「文字の認識➡単語の認識➡文の認識➡意味の理解」の順で認識し，小さな単位の情報から大きな単位の情報を処理します。他方，トップダウン処理では，まず文全体の文脈からある意味（Aでは「記者」，Bでは「庭」）を認識し，その後文の個々の意味（Aでは「貴社」「汽車」「帰社」，Bでは「庭」「埴輪」）を認識します。このように，私たちは本を読むときも風景を見るときも，外界の情報を受動的に認識するだけでなく，ボトムアップ処理とトップダウン処理を同時に行いながら認識しているのです。

[3] 画像認識と文化

それぞれの人が育った文化や環境によって，知覚や認識の仕方には違いが見られるのでしょうか。例えば，清水寺の風景を見たときに，私たちはどこに目を向けるでしょうか。外界への注意の向け方には，中心となる情報に注意を向ける「**分析的注意**」と，ヒトやモノの周りにある状況や事物に注意を向ける「**包括的注意**」の2つのタイプがあります。例えば，清水寺の風景であれば，清水寺の舞台や建物に目を向けることが分析的注意であり，清水寺の周りにある石垣・木々に注意を向けることが包括的注意となります。

文化心理学の研究では，西洋文化圏で育った人は分析的注意，東洋文化圏に育った人は包括的注意の傾向があることが報告されています。例えば，Masuda & Nisbett（2001）は，アメリカで育った人と日本で育った人を対象に図7-10のような絵を見せ，絵についての説明を求めました。その結果，ア

図 7-10　The Michigan Fish Test（Masuda & Nisbett, 2001 に基づき作成）

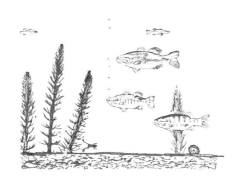

メリカで育った人は，魚の特徴について説明する一方，水の色，植物，水中生物など背景の周囲情報について言及することはあまりありませんでした。他方，日本で育った人は，魚などの中心情報とともに，背景にある周辺情報についても言及することが多くみられました。

　なぜこのように育った文化によって，外界の認識の違いが見られるのでしょうか。その理由として，それぞれの文化における価値観や生活でのニーズの違いが考えられます。日本の文化においては，自分の周りの状況に応じた行動が望まれます。そのため，自分の周りや周囲の状況に注意を向ける傾向があると仮定されます。他方，アメリカの文化においては，個人の意見を明確に述べられることに価値が置かれるために，周りの状況よりも中心となる事象や物事に注意を向ける行動が望まれます。そのため，中心となる情報に注意を向けたのではないかと仮定されます。このように，育った文化の違いによって，外界に対する認識のスタイルに違いが見られます。

　見え方は能動的であり，何に注目するか，どのような知識や推測を使うか，育った環境や文化によって見え方が異なることがわかりました。また，ものを見る際に，個々の事物を見てから画像全体を認識するボトムアップ処理と，全体を見てから画像内の個々の事物を認識するトップダウン処理があり，この 2 タイプの処理が相互に補完し合って見ていることもわかりました。見え方にも多様性があるということは，奥深く面白いですね。

図の中に何が見えるかの答えは……
- 図 7-1　犬
- 図 7-2　KITAYAMA
- 図 7-5　まつがさき

同じ心理検査結果でも解釈者が違うと，結果が変わる？

　さて，あなたが何かの試験を受けたとしましょう（唐突ですが，ページをとじたり飛ばしたりしないでお付き合いください）。その試験の結果はこうです。受験者全員の平均点が 60 点，合格点も 60 点，あなたの結果も 60 点。あなたはこの結果をどう思いますか？「合格できてよかった」，「平均点か……もっとがんばればよかった。せめて 70 点は欲しかった」，「40 点のつもりだったから，60 点も取れていてびっくり！」，「100 点の人から見た 60 点は，自分が 20 点の人を見るのと一緒。え，全くダメじゃないか」，「お，がんばればあと 40 点も取れる。伸びしろがあるぞ」。

　次に，おみくじを引いたとしましょう（この質問が終われば，本題に入るので，お付き合いください）。そこには次のような文章が。「決断のとき。他人の意見に迷わされず，自分の正しいと思う道を選びなさい」。「周りを見渡せば良き相談相手が。何事も 1 人で決めないように」。「変化はよくない。待つが吉」。さあ，この神様からのアドバイスをあなたはどう解釈し，どう生活に活かしますか？

　このように，捉え方で見方が変わることや，一見矛盾した結果が出ることがあるのが，心理検査です。心理検査はさまざまな種類のものがあるため，検査目的に合わせて複数の心理検査を組み合わせて行います（テストバッテリーといいます）。

　さて，心理検査の中には IQ（知能指数）や DQ（発達指数）という数字で結果が出るものがあります。数字で出るので，冒頭の試験結果の例のようにその結果を解釈する人によって捉え方が変わります。できているところに着目する人や，逆にできないところに着目する人，"平均"を超えているか，超えていないかに着目する人。その結果の解釈を文章にまとめる所見というものがあるのですが，同じデータに基づいていてもその書き方・表現が異なり，読む人に違う印象を与えることがよくあります。引き算的に何かの基準に達していない，という書き方をしたり，足し算的にこことここができたからこういうことができます，という書き方をしたり。どちらも一長一短なので，うまく組み合わせて書いていく必要があります。

　そして，テストバッテリーで行った複数の心理検査間で矛盾した結果が出ることもよくあります。そもそも，その人の中に一見相反する特徴が同時に存在することは当たり

おさんぽ7　周りの世界をどんなふうに見ているの？　97

前のことでもあります。人と関わることで傷つくことが多いけれど，人と関わることを求めてしまう。新しい状況になじむことは得意であっても，新しい状況になじむことに疲れやすい。学校の人間関係には繊細だけど，自分のことや家族のことには鈍感。こんな風なこと，読んでいるあなたにもありませんか？　結果が矛盾したときは検査の実施方法を間違えた，と考えるよりも“いつ，どこで・どんな状況で，誰に対して，何をしているとき”などのように細かく分けて考えて，それらの結果を立体的なパズルのように組み合わせ，考えてみるとうまくかみ合うことがあります。複雑な人の心を簡単にわかりやすく，白か黒か，0か100か，と分ける見方をするのではなく，どれだけ複雑なのかを“わかりやすく”示すことが求められます。

　ちなみに，おみくじの例に出てきた文章すべてに従うにはどんなふうに過ごせばいいとあなたは考えますか？　考えてみてください，結構すっきりと解けるパズルです。(武藤翔太)

子育ては大変？ 親の悩みは尽きない？

近所に住んでいるお姉ちゃんが赤ちゃんのメイちゃんと泊まりに来ました。環境が変わったせいか，メイちゃんはギャン泣きの連続，夜泣きもひどくお姉ちゃんは慌てどおし。翌朝こころちゃんがコロ助の散歩がてら，賀茂川沿いのベンチに座って「何がそんなに辛いんだろう……」と考えていると，「この川の上流に"夜泣峠"ってのがあるの。昔も今も，赤ちゃんは泣くのが仕事」と薦田先生が声をかけてくれました。

夜泣峠（よなき）

▼祠の現在
▲鞍馬川と二ノ瀬の里
▲夜泣峠登り口の道標

叡山電鉄・二ノ瀬駅から一山登った「夜泣峠」は，平安時代初期の悲運の皇子，惟喬親王（これたか）ゆかりの峠です。親王が幼いころ，雲ヶ畑から二ノ瀬に向かう途中のこの峠で，乳母がお地蔵さんに願をかけ，側に生えていた松の樹皮を枕の下に入れたところ，親王の夜泣きが止まったという伝説があります。小さな子どもは，暗闇の怖さと寄る辺なさを大人以上に感じるものなのでしょう。不遇にも成人して弟に帝位を奪われましたが，隠遁した雲ヶ畑では村人に慕われたそうで，惟喬神社として今も祀られています。

こころ

薦田未央
先生

姪っ子のメイちゃんが生まれてから、しっかり者だったお姉ちゃんは「たくさんミルクを飲んでる？ ウンチはでた？……」といつもオロオロ。そんなに心配なものなんでしょうか？

情報はネットにいくらでもあるとはいえ、初めての育児はわからないことだらけ。「しっかり者のお姉ちゃん」が「しっかり者のお母さん」に急になるわけではありません。では、親たちはどんな思いで子育てをし、どのように親になっていくのでしょうか？ 私が関わる子育て相談の現場にも触れながら、お話していきましょう。

1　親はいつから親になる？

[1] 子育てにまつわる現代社会の事情

　こころちゃん、かわいい姪っ子の誕生おめでとう。そして、こころちゃんのお姉さんはメイちゃんの「母親」になりました。赤ちゃんの誕生は、親自身にとっても、周りの家族にとっても、うれしいことですね。

　近年、世界各国で赤ちゃんの生まれる数が減っています。「合計特殊出生率」という数値が下がっているようです（図8-1）。

　何を表す数値なのか聞いただけではイメージしにくいですね。この数値は「1人の女性が一生の間に生む子どもの数」を表しています。図8-1にあるように欧米ではどの国でも年々この数値が下がっています（厚生労働省, 2021）。日本も同様にかなり出生率が下がっており、2019年度（令和元年）は1.36、2023年度は1.20となっています（厚生労働省, 2024a）。この結果に関する報道でも「少子化」という言葉を耳にしますね。日本で少子化が進んでいる背景には、さまざまな理由が考えられています。

　例えば、家族形態が変化して「核家族化」が進み、親が受け持つ**子育ての責任**が大きくなっていることが考えられます。親が子育てをするのは当たり前のことと考える人は多いでしょうけれど、仕事を持ちながら子育てをする親も少

図 8-1　合計特殊出生率の国際比較（厚生労働省, 2021）

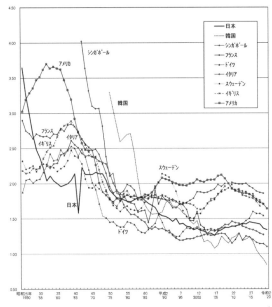

注：1) 日本の 2020 年は概数，韓国，アメリカの 2020 年及びフランスの 2019 年は暫定値である。
　　2) 1990 年以前のドイツは，旧西ドイツの数値である。
　　3) 1981 年以前のイギリスは，イングランド・ウェールズの数値である。
資料：当該国からの資料による。

なくありません。親の役割として担う子育てと社会的役割として担う仕事との両方をこなすことは，多くの労力がかかることですから，親だけで何人もの子どもを育てることは大変だと考えるのは自然なことでしょう。一方で「子どもは親だけに育てられる存在なのか？」と思った人もいるかもしれません。子どもは，祖父母，親戚，きょうだい，近所の人，先生など，いろいろな人とのかかわりの中で育ちます。しかし，核家族化が進んでいる社会では，いろいろな人とのかかわりが持ちにくく，子育てを助けてもらいにくい環境になっているのかもしれません。また，親になる世代の大人や親自身が核家族で育っている人も多く，あまり子育てのお手本に触れる経験がなかったかもしれません。赤ちゃんや幼い子どもと触れ合ったことがないという事情から，育児についてイメージが持ちにくいこともあるでしょう。この他にもさまざまな理由から「少子化」といわれる現在のような社会状況になっているのだと考えられます。

[2] 子どもが「親スイッチ」を ON にする？

　こころちゃんのお姉さんは「しっかり者」のようですが，メイちゃんが生まれてからは少し様子が変わり，メイちゃんについてあれこれと心配することが多くなりました。お姉さんのどこかに「親スイッチ」があって，メイちゃんが生まれたことで「親モード」に切り替わったのでしょうか。しかし，今まで経験したことがないのに，すぐに「親モード」になれるものなのか疑問ですね。

　発達心理学の分野では，乳幼児と母親の関係が古くから多くの研究者に注目されてきました。その中の1人であるボウルビィ（Bowlby, 1969）は，子どもは生まれて間もない時期から，信頼できる特定の他者と親密で情緒的な絆（**アタッチメント**）を築いていくという理論を提唱しています。特に乳幼児期は，栄養をとるための食事，移動，身の回りのことなどを自力で行ったり，危険から身を守ったりすることが難しく，自立した活動ができるまでに時間がかかります。そのためボウルビィのいう「アタッチメント」は，幼い子どもにとって，自分を育ててくれる大人との間に築く大切で重要な結びつきになります。また，それは，生きていくためだけに必要な絆ではなく，子ども自身の精神発達や人との関係の持ち方，心の健康にも影響するものだといわれています。ちなみに，子どもの世話の内容は多種多様にありますが，一般的には授乳を含めて主に母親が担っていることが多いでしょう。そのためボウルビィのいう「信頼できる特定の他者」には母親をイメージしがちですが，「特定の他者」は必ずしも母親に限ったことではないのです。

　親（大人）が子どもを保護し発達を促して育てる行動（「**養育行動**」といわれる行動）は，子どもの「生まれながらに持つ力」により引き出されている面があるとも考えられています。赤ちゃんの表情や発声には大人の注意をひきつける力があり，大人はそれに対して声をかけたり抱っこをしたり，また，そこから子どもの欲求など心理状態を読み取り，応じようとします。この子どもから発せられるシグナルへの気づきや応答のタイミングが，子どもとのアタッチメントの形成に影響すると考えられています。ベルとエインズワース（Bell & Ainsworth, 1972）は母子の関係において子どもの泣く行動に着目し，生後1年間の観察を行っています。子どもが泣いたときに，すぐに母親が気づいて反応している場合，1年後には子どもの泣き叫ぶ行動は減りましたが，すぐに反

応しなかった場合は1年後も泣き叫ぶ行動は減りませんでした。つまり，子どもの発するシグナルや欲求に気づいて，適切なタイミングで応答することは，子どもにとって「親は困ったとき，伝えたいことがあるときには駆けつけてくれる，安心をさせてくれる人」だと認識する手がかりになっていると推測できます。このような親の敏感さや応答性が，安定したアタッチメントを築くことにつながり，情緒的に結ばれた**親子関係**が育まれると，子どもにとって親は「困ったときには助けてくれる，戻る場所になる存在」として物理的にも心理的にも安全基地のような存在になります。やがて子どものイメージする力が育ってくると，親が自分（子ども）の傍にいなくても心の中によりどころとして存在するようになります。そうなると成長発達に伴い安全基地（親）をベースに徐々に活動範囲を広げ，自分を取り巻く外の世界に関心を向けて，さまざまな経験を通して運動能力や言葉，人との関係などを育んでいくことになるわけです。

　ここまでの話では，子どもがもって生まれてきた能力の仕掛けにより「親スイッチ」が入り，親子の相互コミュニケーションが促進するという仕組みに見えますが，実はそれだけではないことが，最近の脳研究からわかってきました。

[3] 脳が親モードになる

　人は我が子が生まれたその日から，「親」としての振る舞いや考え方にがらりと変わることができるようになるのでしょうか。実際に人が急に変わることは難しいと思いますが，時間をかけて変化していくことは想像できそうですね。

　親が「養育行動」を通して，子どもの心身が健康に発達するように育てる役割を担うことを「**親性**」といいます。この「親性」という言葉の意味は研究者によって少しずつ異なりますが，一般に3つの側面があると説明されています（田中, 2021）。1つめは，子どもを生み育てる役割を果たす側面，2つめは子どもの発達を促すために適切に対応する技能・能力の側面，3つめは人が親になる過程で変化する親としての人格に関する側面です。子どもを生み育てる過程で，子育てをうまくやっていく力を身につけ，親としての考え方や態度が形成され「親の役割」を果たすことができるということが，つまりは「親性」を備え持つということになるのではないでしょうか。

では，「親性」はどうやって獲得され，磨かれていくのでしょうか。例えば，佐々木ら（2010）の研究では，出産や育児経験のない 10 代の青年が 3 か月間（週 1-2 回程度），保育所で子どもと触れ合う保育体験をした後に，子どもの映像を見せたときの反応を調べています。乳児の表情を映像で見たときに，保育体験をした青年は，保育体験をしていない青年に比べて特に泣いている表情に敏感に反応しており，子どもへの関心が高くなる結果がみられました。子育てにおいては，子どもが泣いて何かを訴えているときには，それに気づき，泣いている心情に添って適切に対処することが求められるでしょう。この実験結果から子どもとの接触経験が子どもへの関心，感度を高めることになり，「親性」を準備する要因になると考えられています。加えて，この研究では脳の特定の部分が活発に活動するという変化も見られたようです。

　近年では，脳（神経生理学的な側面）に関する研究が国内外で進められており，妊娠・出産の頃からお母さんの脳の働き方が変化していることがわかってきています。また，授乳することで分泌されるオキシトシンというホルモンについても，他者の表情を認識する感度に影響する可能性があり，養育行動を高めることや，育児中のお母さんのストレスを和らげる働きがあるのではないかと考えられています（松永，2021）。これらのことから，子どもと触れ合う経験や妊娠中から子どもを育てるイメージを持つこと，身体的な変化であるホルモンの分泌などによって脳内で親モードへの変化が生じていると考えられています。ちなみに，養育行動を起こさせ，持続させる働き方をする脳のことは「**親性脳**」と呼ばれています（田中，2021）。これは，子どもが泣いたり笑ったりして発するシグナルを親が敏感に捉えて注意を向け，子どもの状態に合わせて対応したり，時に親自身が子どもの注意を引く行動（声をかけたり，子どものまねをしたりする行動）を起こさせるように働く脳のネットワークシステムだと説明されています。お母さんにとっては，日々子どもとのコミュニケーションを重ねることで親性脳の活動が活発化すると考えられています。

　さて，ここまでのお話では「父親」が登場していませんね。「お父さんはどうしたら親モードになるの？」と思う人もいるでしょう。実は，お父さんにも同様に親性脳への変化，活動がみられています（Diaz-Rojas et al., 2021）。パートナーの妊娠期から親性脳の活動が始まる人もいれば，パートナーの妊娠期間

中はほとんど活動しないけれど，子どもの育児をする時期に急激に活性化する人もいるようです。この親性脳の働きには性別による差がないとされていますが，個人による違いは大きいようです。先にも述べたように，「子どもとの接触経験」が活性化に一役買っているようですので，男性もパートナーの妊娠期間中から一緒に子育てについてイメージすることや，実際に育児で子どもと触れ合うことで親モードのスイッチが入るのでしょう。

　つけ加えると，親性脳の働き具合は，母親と父親のどちらにおいても個人によって随分違うようです。産後ストレスの強い状態が続いていると活性化しにくく，逆に過度に働きすぎてしまうことでも，かえってストレスを抱えることになる場合もあるようです。まだまだわかっていないこともあるため，お母さん，お父さんの助けとなるように，研究が進められているところです。

2　子どもの健康を守り，育てる

[1] 生まれた後は，赤ちゃんも忙しい

　さて，しっかり者のお姉さんが，メイちゃんの心配ばかりしている理由は，どうやらお姉さんの脳や身体が「親モード」に変化してきていることも関係していそうですね。とはいえ，小さな赤ちゃんは要求や不調を自分でうまく訴えることができないがゆえに，新米ママの心配事は尽きませんね。

　では，赤ちゃんのメイちゃんのことに視点を移してみましょう。メイちゃんは，つい先日までお母さんのおなかの中で過ごしていました。この時期の赤ちゃんは「胎児」と呼ばれます。胎児の間に身体の大事な器官が形作られます。この間はお母さんとへその緒（臍帯）でつながり，胎盤を介してお母さんの血液の中から栄養や酸素をもらって育ちます。呼吸も食事もしていません。ですから，妊娠中のお母さんは食事に気を遣い，病気に罹らないように自分の健康管理に注意を払い胎児を守ります。出産までの日数の数え方から 40 週間が標準的な妊娠期間になり，胎児は 3,000g 程度の体重と 50cm 程度の身長までに発育します。これは標準的な数値ですので，さまざまな事情で早く小さく生まれることもあります。そして，誕生日を迎えて外の世界に出てくると，おなかの中でゆったり過ごしていた胎児時代とは変わり忙しくなります。生まれてすぐに

おさんぽ8　子育ては大変？　親の悩みは尽きない？　105

赤ちゃんは泣きますが，これは肺で呼吸が始まった証拠です。このときから自力で呼吸をはじめます。お乳を飲んで消化して栄養を身体に蓄えること，ウンチやおしっこを排泄することも赤ちゃんの身体が自ら調節を始めます。このように，生まれた後は，急にあれこれと自分でやらなければならないことが増えてきます。病気のウイルスや菌との戦いも始まり大変ですね。

[2] 育つためには栄養が必要

　生後は外の環境に慣れていくことや，身体の成長に必要な栄養をしっかりとることが大切なので，親は子どものお乳の飲み具合や体重の変化が気になるものです。生後1年間で赤ちゃんの体重は約3倍程度，身長は1.5倍程度になります。骨や筋肉の成長発達により，座る，立つ，歩く，物を掴んで操作するなど，身体的活動が自由にできるようになっていきます。

　そしてもう1つ大切なのは**脳の発達**です。新生児（生後1か月間はこのように呼ばれます）の脳の標準的な重さは約300〜400gです。ちなみに大人は1,200〜1,400gといわれています。それが生後6か月には約2倍になり，3歳で約1,000gとぐんぐん大きくなり大人と同じくらいの重さに近づいていきます。これは，脳内にある神経の束が一気に増えてつながり始め，網目状のネットワークを張り巡らせるために重くなるのです。赤ちゃんは，生まれたときにすでに大人と同じくらいの神経細胞をもっているのですが，それぞれのつながりが未熟です。生まれ出てきた外の世界は刺激に満ちあふれていますので，それらを捉えて脳に送り込んでいます。例えば，抱っこしてもらうことで温かさや柔らかさを感じ，お乳のにおいを感じ，お母さんの顔を見たり，話しかけてくれる言葉を聞いたりしてさまざまな刺激をキャッチしながら，神経の接続を増やしていきます。身体を自由に動かせるようになってくると自分から物に触れたり，動かしたり，変化を楽しみながらあれこれ操作を試すことも始まります。そのような刺激が脳内のネットワークづくりには重要な「栄養」になります。

　このように新生児期から乳幼児期は劇的に脳が発達する時期で，それを基盤にして外界の物事を理解し，言葉を獲得し，自分でできること増やしていきます。親が親らしくなるように，赤ちゃんも人らしくなるために，心身の変化を起こしている時期なのです。そのため赤ちゃんにとっては，この時期に信頼で

きる人とのつながりの中で安心してさまざまな活動にチャレンジすることは，これから生きていくための技術や能力の基礎作りにとても重要です。身体を作る物質的な栄養だけでなく，大切な人との結びつきやそれがあるからこそできる，さまざまな経験は脳の発達に無くてはならない栄養になるのです。

[3] 親の悩みは尽きない

　子どもが順調に健康に育っていても，こころちゃんのお姉さんのように心配なことが次々と出てきて悩みは尽きないものです。

　私たちの職場では「こがもクラブ」という子育て支援グループの活動を概ね週1回のペースで開催していました。1歳から就園前までの子どもと親が通ってこられる教室でしたが，そこでは子どもの年齢が上がれば悩みが解消されるということはなく，発達に応じて親の悩みも変化する様子が見られていました（薦田・高井, 2021）。その理由の1つには，子どもが「育つ」ということは，できることが増えるだけではなく，親にしてみればしてほしくないことをするようになったり，できないことがあると心配になったりする場面が増えてくるからです。子どもはそれぞれ育ちのペースが違い，特に乳幼児期には個人差が見えやすくなるときがあります。

　例えば，言葉を話し始める時期は，個人差が大きく出てきます。「うちの子，おしゃべりがなかなかうまくならないなぁ」と心配になる親も少なくありません。最近は，インターネットで簡単に知りたいことを検索できますし，SNSでは知りたいと思っていなくても情報が流れてくるので，かえって心配が膨らんでしまうことがあります。また，子どもの自我が芽生える2歳前後くらいから，やりたいこと，やりたくないことがはっきりして親の思いとはうらはらな場面も続出します。親としては「どこまで叱ってよいのか」という戸惑いや，イライラが募ることも増えます。さらに，保育園，幼稚園への入園時期には，「内気で集団になじめない」「活発で落ち着きがない」「マイペースで切り替えが苦手で，みんなと同じ活動に参加しにくい」など，小さな社会集団の中で見え隠れする子どもの個性とどう折り合いをつけて育てるかに試行錯誤することもあります。悩みの内容が変化するということは，別の視点で見ると「子どもの成長のあかし」でもあるのですが，親にとってはポジティブに考えられるほど余

裕がないこともしばしばです。親は子どもとの相互関係の中で徐々に親になっていきますので，子育ての知識や技術がまだまだ十分でない時期は，不安や心配がたくさんあって当たり前なのです。

イライラ，モヤモヤを抱えている親にとって子育て支援教室のような場は，同じような境遇の親同士で情報交換ができる心強い相談先にもなります。時に，専門家の私たちよりも親同士の会話の中で心に響くワードや気づきがあることも度々でした。例えば，「うちの子，頑固で言い出したら聞かなくなった」と，日々悶々と過ごしているお母さんがおられたのですが，別のお母さんが「最近，自分でやってみようと粘って譲らないことが多くなった」と子どもについて語るのを聞いて，「「自分でやってみよう」としているのだなぁ」という思いになられたこともありました。もちろんこれで問題解決とはなりませんが，視点を変えれば困りも成長に見える瞬間でした。親同士で「うちの子ってね」「○○ちゃん◇◇できるようになったね」など子育ての話をする中で，すこし視界が開けて気持ちが楽になられたひとときでした。

他にも身近な専門家として頼る先には，かかりつけの医師や助産師，保健師，保育所や幼稚園，認定こども園の先生が相談先になりますが，最近の調査結果からは，お母さん，お父さんがお互いを頼ることが最も多く，次いで自分たちの親やきょうだい，特に母方の親族に相談することが多いようです。（東京大学大学院教育学研究科附属発達保育実践政策学センター・ベネッセ教育総合研究所，2023）。

[4] 子どもの健康と親子関係を支える取り組み

ところで，みなさんは自分が乳幼児の頃に，保健所で健康診断を受けたことを覚えているでしょうか？

第二次世界大戦後の日本では，戦災孤児など生活に困窮する子どもたちの保護・救済を行い健全な育ちを支えるために児童福祉法が公布されました（1947年）。その翌年から各都道府県の保健所で乳幼児健康診査（以降，乳幼児健診と記します）が始まりました。その後，母子保健法に基づき1961年に3歳児健診，1977年に1歳6か月児健診が開始されて，現在も実施されています（国立成育医療研究センター，2018）。これは，生まれてきたすべての赤ちゃんとそ

図 8-2 京都市 母子健康手帳
(京都市情報館 HP「妊産婦への支援」母子健康手帳の交付より転載)

の親に向けて案内される健診事業で，長年の取り組みの結果，近年は全国での受診率が95％を超えています（厚生労働省，2024b）。特別な事情がない限りは，みなさんも受診されていることでしょう。あなたの母子健康手帳にその記録が残っているかもしれません。

　乳幼児健診では，子どもの発育や栄養改善，病気や障害の早期発見と治療，子どもの心身の発達が妨げられることを予防する目的があります。また，親の育児状況，精神的健康などを見守り，健全な親子関係を支えること，虐待防止などの重要な機能を担っています。そのため，かかわるスタッフも多様です。各自治体の保健師を中心に，医師，歯科医師，看護師，助産師，栄養士，歯科衛生士，保育士，心理師など多職種がチームで連携しながら親子を見守っています。出産前から妊婦向けに（お父さんも含め）親になる準備を整える教室の開催や，初めての育児では，どうやってどのくらいミルクを飲ませたらよいのか，生活リズムのことや食事の内容，歯磨きの仕方や遊び方など，いろいろな相談ができる場になっています。

　子どもの身体的な生育状態とあわせて，病気がないか，運動や言葉は順調に発達しているかも確認しながら，親の心配事に対応します。健診は親子の不調をいち早く見つけて対応できる場でもあるので，生まれつきの病気や障害が見つかることも少なくありません。直接かかわるスタッフ，特に医療スタッフや私のような心理師は聞き取りや検査を実施し，結果を伝える場面に立ち会いますので，親の不安や辛さを受け止めながら，一緒に子育てについて考える役割を担うことも多いのです。ですから子どもの発達に問題があるかもしれないと心配している親にとっては，乳幼児健診は心理的な敷居が少し高くなる場かもしれません。しかし，保健所も含めてどこか相談ができる場につながることは，親にとって心配や不安が続き見通しが持てないような状況から抜けだすきっかけになりますし，子育て支援に携わる人たちは，みなそうなるように願っています。

3　親子を見守り，応援する社会へ

[1]「孤育て」になりがちな現代

　核家族化が進む現代では，すぐに頼れる家族や親族が近所にいない家庭も増えています。夫婦で子育てをするにも，共働きの場合はお互いに仕事と家事・育児にかかる時間を調整しながらですが，職場によっては働く時間の調整がしにくく，休みにくいこともあります。父親の育児休暇取得率も上がりつつありますが，まだそれほど高くありません。また，家族形態も多様になり，シングルマザー，シングルファーザーの家庭も増えています。育児・家事にかかる時間について各所で調査が行われていますが，未だ圧倒的に母親の負担が大きく，「ワンオペ」で育児をしている家庭も少なくないことが現実としてあります。一方で「育児は母親の仕事」という意識は変わってきているように感じることがあります。実際に，私が携わる**子育て相談**の場面でも父母が一緒に来られ，父親が子どもの様子を細やかに語られるケースが随分と増えてきました。とはいえ，人の意識の変化に頼るだけでは母親の負担軽減はまだまだ道半ばで，働き方や暮らし方が柔軟に調整できるためには社会の仕組みの変化が必要であることを強く感じています。

　もう1つ，母親の心身の負担についても触れておきます。「産後うつ」でも知られる出産直後からのホルモンの分泌バランスの変化による影響があります。感情の起伏が大きくなることや，気分の変化を感じる人が半数以上いるといわれています。この状態は，自然に落ち着いて消えていきますが，環境や個人差により，気分の落ち込みや涙もろさ，イライラ，食欲不振，無気力，睡眠問題などの症状が続く「産後うつ」になる人もいます。そして母親の産後うつは，父親や子どもの健康にも影響することがわかっています。コロナ禍には外との接触が制限されて，周囲から育児サポートが得られにくい状況だったため，「産後うつ」の割合が増えたという報告がありました。さらに，父親においても「産前・産後うつ」のリスクが約2倍に高まったという調査結果があります（国立成育医療研究センター，2023）。このことからもわかるように，子育てのサポートが得にくい状況で頑張っている親は，周囲が想像する以上に心身の負担が大きいのです。

[2] みんなで「おせっかい」な人になってみる

　昔の日本では複合家族も多く，アニメの『サザエさん』のように祖父母，父母，場合によっては父母のきょうだい，子どもなどが一緒に一つ屋根の下で暮らしていて，いろいろな家族メンバーが日々子どもにかかわっていた時代がありました。子どもにとっては複数の信頼できる人とつながることや，コミュニケーションの取り方が異なる人とのかかわり経験は言葉や認知，社会性の発達にも影響を与えると考えられます。つまり，いろいろな人が子育てにかかわることは子どもにとって良いことが多いように思えます。

　一方で，子どもを取り巻く人にとってはどうでしょう。こころちゃんのお姉さんには周りの人のサポートが必要ですね。直接手助けがあると助かることはもちろんですが，間接的に子どもとのかかわりのお手本やヒントをもらうことも助けになります。また，周りの人にとっても，子どもに接する経験が共感性を高めるなど心への変化をもたらしますし，こころちゃんのような若い人達にとっては将来の自分の「親性」を準備することにもつながるでしょう。お互いによいことがありそうですね。直接手助けすることに気が引けて「私にはできないな」と思う人もいるでしょう。そんな人は，例えば込み合う電車の中で泣く赤ちゃんと親をそっと見守ってあげるような，ちょっとおせっかいな意識モードでいるだけでも親子のサポーターになるでしょう。新米ママのお姉さんもそれだけで安心して外出できるのではないでしょうか。親でも家族でもない他者であっても，親子にとっては心強い子育てサポーターになりうるのです。これからは，大切な子どもたちをみんなで見守り育てていけるとよいですね。

 赤ちゃんの泣きに対抗する?

　人の赤ちゃんはよく泣きます。お腹がすいたとき，眠たいとき，オムツがぬれたとき，その他いろいろなきっかけで泣き声をあげます。泣く原因を取り除いてあげると多くの場合泣き止みますが，何をしても泣き止まないで，世話をしている大人がホトホト困ることもあります。どうしてこんなに赤ちゃんは泣くのでしょうか？

　人の赤ちゃんは自力では移動することも食べ物を摂取することもできず，誰かに頼って生きていくしかない無力な存在です。1人では生きられないからこそ，他者からの養

育によって生かされる「社会的な存在」であるといわれています。泣くことは，特に生まれたばかりの新生児（誕生から1ヶ月の赤ちゃん）にはとても重要です。なぜなら，新生児は喉の奥の声道が未発達で，アーウーといった柔かい発声はまだ出せませんが，大きな泣き声は発することができます。そこで，泣くという手段を使って，周囲の人々の注目を引き，生きていくための世話をしてもらうことになります。

　私は，最近新生児の育児サポートのために，自宅から別家庭に，自分が飼っている1匹のモルモットを連れて，2週間ほど移り住みました。モルモットは，発声や行動で食べ物がほしいという訴えをしますが（「おさんぽ6」参照），新生児と一緒に生活していた間は，その訴えは新生児の大音量の泣き声にかき消され，無視されることもしばしばでした。そうなると，催促する発声や行動が次第に少なくなりました。これは，正の強化（報酬を与えること）によって形成されたオペラント行動が，強化がなくなって消去される様子を表しています。

　そして私は，モルモットがこの家に来てから，エサは食べているものの水を飲んでいないことに気がつきました。心配になり予定を少し早めて自宅に戻ったのですが，帰宅した翌日，再び水を飲むようになりホッとしました。なぜモルモットは，新生児宅で水を飲まなかったのでしょうか？　水を飲まないことで何かを訴えようとしたのか，それとも環境の変化によるストレスからなのかわかりませんが，私にとっては，再びモルモットに注意を向けるきっかけとなりました。

　人間同士では，訴える力の強い存在の出現により，それまで平和に暮らしていた先住者が抗議することがあります。弟妹の誕生後に，上のきょうだいが行う，いわゆる「赤ちゃん返り」もその1つです。赤ちゃんが大人たちから手厚く世話をしてもらっているのを見て，上のきょうだいがそれまで自分でできていたことをしなくなったり，親の気を引く行動をしたりします。

　人間の場合は，1歳半以降になっていくと「嫉妬」のような自他意識を前提とした感情が発達します。ある事例では，排泄の自立ができていた3歳児が弟の誕生後，嫉妬心からか，自分の排泄物を部屋中にばらまき，親を仰天させました。赤ちゃんに対抗する行為だったのでしょう。この「赤ちゃん返り」現象は，親が，3歳の子どもにも，赤ちゃんにかける愛情と等しいものを与える大切さに気がつくきっかけになりました。このように親の愛情を求める気持ちは，子どもが大きくなってからも続きます。（高井直美）

どうしたら「やる気」を高められる?

こころちゃんは縁日やフリマが大好き。今日は北野天満宮で開催されている「天神さん」に友だちと遊びに来ました。古着や雑貨を見たり大判焼きを食べたり。友だちが「来年は合格祈願に来るんかな」とつぶやきます。絵馬を見ながら，みんな熱量すごいな，こっちはあんましやる気出えへんわ……などと話していると「来年が受験なの？」と松島先生が話しかけてくれました。

北野天満宮

▼本殿の三光門

▲撫牛をなでるとご利益が

菅原道真は平安時代初期の学者かつ辣腕の公務員でもありました。しかしその優秀さゆえに福岡太宰府に流され，都に戻れないまま無念のうちに亡くなります。道真公を祀る北野天満宮は学問の神様＝合格祈願で有名ですが，地元では「北野さん」として親しまれる神社です。毎月25日の縁日「天神さん」には露店が立ってとてもにぎやか。早春には道真公ゆかりの梅が咲き誇り，2月25日の梅花祭には上七軒の芸舞妓さんが茶の湯のお点前を披露します。

こころ

受験勉強しなきゃと思うけど，やる気が出ないし自信もありません。お姉ちゃんはしっかり者で，目標をもって大学進学，ちゃんと資格も取りました。私は……夢がないわけじゃないけど，今一つテンションが上がらない。テスト直前に親や先生に言われて，仕方なくやっている感じです。どうしたらいいでしょう？

松島るみ
先生

同じ悩みを持つ高校生はとても多いですが，周りに言われて仕方なく……というのは非効率的。やる気のメカニズムがわかると自分のやる気スイッチも見つかるかも。そして，なるべく理解が進む方法をつかむため，日頃の学習活動を見直してみましょう。

1　やる気はどうやって起こるの？

[1] 動機づけって何？

「勉強のやる気がでない」「やる気が続かず，つい別のことをしてしまう」……こういった悩みは多くの学習者が持っていることでしょう。一方で，学ぶことにとても意欲的な学習者もいます。このような「やる気」のことを，心理学では**動機づけ（モチベーション）**と呼び，効果的に学習を進めるために重要な概念として研究が進められてきました。

動機づけとは，ある行動が喚起し，維持され，一定の方向へ導かれる過程とされます。すなわち，学習の動機づけとは，学習活動が促され，学習目標に向けて学習の取り組みを継続し，さらに次の目標へと学習行動を続けていくというような，学習の原動力となるものです。

こころちゃんは，しっかり者のお姉さんと自分を比較し，お姉さんは大学時代，資格のために楽しそうに勉強していたけれども，自分はテスト前にだけ義務的に勉強していて，夢はあっても，勉強の目的を見失っているといいます。親や先生に言われて勉強をするということは，学習の目的が学習することの外

にあり，学習することはその目的の手段に過ぎないことから，これを**外発的動機づけ**と呼びます。学習者の状況によっては，報酬や罰などの外発的動機づけを用いることで，学習行動を喚起する一定の効果はありますが，外的報酬がなくなると，学習行動が維持されない可能性があります。

　一方，こころちゃんのお姉さんは大学時代に勉強を楽しんでおり，学習すること自体に興味・関心を感じていると考えられることから，これを**内発的動機づけ**と呼びます。内発的動機づけ，外発的動機づけのどちらがどの程度高いかが，学び方の質の深まりや目標に向けての学習行動，そして学習成果を左右す

表9-1　**あなたはなぜ勉強していますか？**（西村ら，2011 に基づき作成）

あなたが普段勉強している理由にどのくらい当てはまりますか？
「4．とてもあてはまる」「3．少しあてはまる」「2．あまりあてはまらない」「1．全くあてはまらない」から選んで下さい。各尺度の合計点を算出し，どの尺度得点が高いかを調べましょう（解説は [2] を参照）。

尺度	項目
内発的調整	・問題を解くことがおもしろいから ・難しいことに挑戦することが楽しいから ・勉強すること自体が面白いから ・新しい解き方や，やり方を見つけることが面白いから ・自分が勉強したいと思うから
同一化的調整	・将来の成功につながるから ・自分の夢を実現したいから ・自分の希望する高校や大学に進みたいから ・自分のためになるから ・勉強するということは大切なことだから
取り入れ的調整	・勉強で友達に負けたくないから ・友達より良い成績をとりたいから ・まわりの人にかしこいと思われたいから ・友達にバカにされたくないから ・勉強ができないとみじめな気持ちになるから
外的調整	・やらないとまわりの人がうるさいから ・まわりの人から，やりなさいといわれるから ・成績が下がると怒られるから ・勉強するということは規則のようなものだから ・みんながあたりまえのように勉強しているから

おさんぽ9　どうしたら「やる気」を高められる？　115

ると考えられてきました。

　しかし，私たちの動機づけは外発的動機づけ，内発的動機づけの2つに分類できるほど単純ではありません。みなさんも，表9-1を参考にしながら，自分が今どのような理由で勉強しているのか考えてみましょう。

[2] 勉強に対する動機づけは多様であってよい？

　私たちは，「資格の取得のため」「夢の実現のため」「友だちに負けたくないから」「ほめられたいから」のように多様な学びの理由を持っています。このように私たちの多様な動機を捉える考え方の1つが**自己決定理論**です。

　この理論では，私たちの動機を，単に内発的動機づけ，外発的動機づけの2つに分類して説明するのではなく，意欲を非自己決定的なものから，自己決定的（自律的）なものへと移行する過程を段階的に示します（図9-1）。

　まず，「非動機づけ」とは，あらゆる意欲に欠けており，動機づけが全く生じていない状態です。次に，「外発的動機づけ」は自己決定の程度により3段階に分類されます[1]。外的調整は，前に述べた外発的動機づけに最も近く，賞罰により動機づけられています。「取り入れ的調整」は，人に負けたくない，他者に認められたいなど，自ら行動を起こしてはいるものの，まだ自律的とはいえない消極的な動機づけといえます。「同一化的調整」は，将来の夢や資格取得のために学習するといったように，やや自己決定的に変化した動機づけです。そして，最も自律的な動機づけが内発的調整，つまり「内発的動機づけ」です。

図9-1　自己決定理論における自己決定へのプロセス

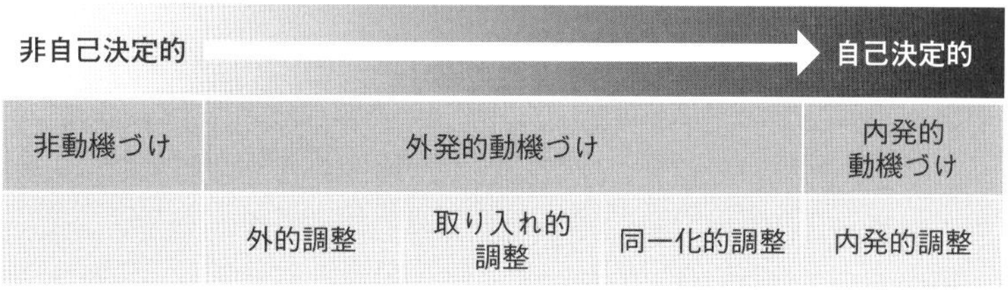

非自己決定的			自己決定的
非動機づけ	外発的動機づけ		内発的動機づけ
	外的調整 ／ 取り入れ的調整 ／ 同一化的調整		内発的調整

---

1) 自己決定理論（Ryan & Deci, 2000）では，外発的動機づけの中で，最も自己決定的な「統合的調整」の段階が含まれていますが，同一化的調整と統計的な分別が明確でないことが明らかになっているため，本書では統合的調整の説明を除いています。

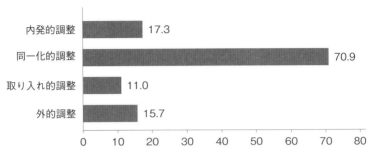

図9-2 大学生127名における現在の学習動機づけ

注）最も得点が高かった尺度を選択するよう求めた（％）
（同じ得点の尺度があった場合は複数選択）

あなたが現在学習している理由（表9-1）は，「内発的調整」「同一化的調整」「取り入れ的調整」「外的調整」のいずれに最も近かったでしょうか？　学習者の動機づけが自律的で自己決定的であるほど，学習行動の質が高まり，より高い学習成果に結びつきやすいことが明らかになっています。

　教室にはさまざまな背景をもつ学習者が集まっており，より自己決定的な動機を持つ学習者もいれば，そうでない学習者もいます。こころちゃんは，親や教師に言われて勉強するということから，現時点では，外的調整が高いのではないかと思われます。一方，こころちゃんのお姉さんは，大学時代に「資格を目指しながら，勉強自体も楽しんでいた」ということですので，内発的調整，同一化的調整といった複数の動機を持った学習者だったのでしょう。

　なお，私が教育心理学の授業時間に大学生127名に対し調査を行ったところ（図9-2），同一化的調整の得点が高い者の割合が最も多いことが明らかになりましたが，外的調整や取り入れ的調整など，より他律的な動機づけが高い者も一定数いることがわかりました。

　さて，こころちゃんは自分だけではなく「周りの友だちもあまり勉強を楽しんでいる様子ではない」と話しています。前に述べた通り，大学生の結果では，「同一化的調整」が高い者が最も多いことが明らかになっていますが，高校生は一般的にどのような学習動機を持っているのでしょうか？　読者の方が大学生であれば，中学生や高校生のときの学習動機を思い出し，現在の学習動機と比べてみましょう。学習動機は学校段階により差異がみられることが複数の研

おさんぽ9　どうしたら「やる気」を高められる？　　117

図 9-3　大学生 127 名が振り返った高校時代の学習動機づけ（単数選択）

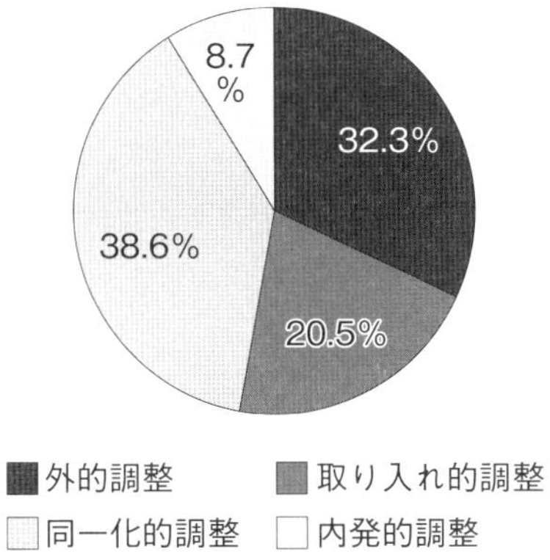

究で明らかになっています（例えば速水, 2019）。

　私が図 9-2 と同じ大学生 127 名に「高校生のときにこの調査をしていたら，どの得点が高かったと思いますか？」と尋ねたところ（図 9-3），全体としては，大学生と同様に同一化的調整の割合が最も高かったのですが，次に多かったのは外的調整，取り入れ的調整で，これらのより他律的な 2 つの動機を合わせると 5 割を超えました。高校生の中には受験を控える生徒も多く，他者と比較したり，成績の順位づけを意識する時期でもあるため，比較的自律的な動機づけをもっている大学生と比べると，学び自体の面白さを感じたり，自分のために必要だからという気持ちが乏しいまま学習に取り組んでいる生徒が多いと推測されます。

　これらの研究から，こころちゃんが「親や教師に言われて勉強をしている」という外的調整の動機づけが高いことは高校生にとっては珍しくないことが推測されます。これまでは，「興味・関心があるから勉強する」という内発的動機づけを高めることこそが最も望ましく，学習成果を高めると考えられてきました。しかし，最初は他律的な動機づけをもっていても，例えば，将来のキャリアに対する意識や学習環境の変化，周囲の支援や他者と協同して学ぶことの経験等を通して自律的（自己決定的）な動機に変化することも予想されます。また，私たちの学習動機をより現実的に捉えると，「人と学ぶのが楽しい」「周りに評価されたい」「○○という資格を得たい」のように，複合的な動機に支

えられていることが多く，このことも特に学習動機の維持や学習成果の向上には重要であるといえるでしょう。

[3]「自分はできる」という信念をもとう

　こころちゃんの学習に関する悩みの中に，「勉強に自信が持てない」ということがありました。これも学習成果に結びつきにくい要因となっている様子がうかがえます。一般的に，どういう学習を行うと良い成績に結びつくのか（結びつかないのか）を考えることは**結果期待**といいます（図9-4）。「予習をすると授業内容が理解しやすくなるだろう」のように，多くの学習者は，適切な学習を行うことにより良い成果に結びつくことはわかっているのですが，実際に学習に向かおうとすると，やる気がない，学習を継続する自信がないなど，学習への見通しがもてないということがあります。

　バンデューラ（Bandura, 1977）によると，「私はきっとテストで実力を発揮できるだろう」「この課題をやりとげることができるだろう」というように，自分自身の行動によって起こりうる結果を予測することを**効力期待**といい，この効力期待こそが，動機づけに影響を与え，学習者にとって重要であると考えました。効力期待をもつことは，**自己効力（セルフ・エフィカシー）**と呼ばれています。

　達成すべき課題に対し，具体的な自信や見通しをもつことができている自己効力が高い学習者は，困難な学習課題であっても，粘り強く取り組む傾向があることが明らかになっています，一方，自己効力が低い学生は，困難な課題に直面したときに，避けようとしたり諦めたりする傾向があります。

図9-4　効力期待と結果期待（Bandula, 1977 より作成）

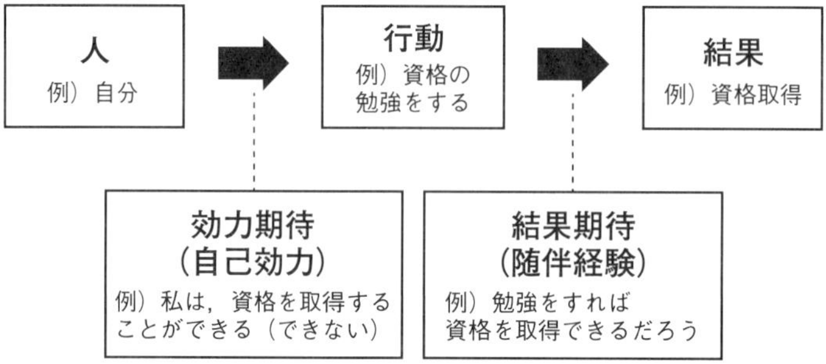

こころちゃんがある科目の点数を上げるためにどのような学習方法がよいかという結果期待を持っていたとしても、効力期待がなければ（つまり、結果期待は高いが効力期待は低い）、学習者の実際の学習行動に結びつけることはできません。それでは、勉強に対して自信を持つことができないというこころちゃんが効力期待を高めるためには、どうすればよいでしょうか？

自己効力は、学習者が課題の遂行を通して「うまくいった」という成功体験を積み重ねることが、「次回もやり遂げられる」という自信や期待に結びつくと考えられ、最も重要であると考えられてきました。しかし、課題によっては、「成功体験を得る」ということ自体が容易なことではありません。

シャンク（Schunk, 1991）は、学習者の自己効力や学習成果が高まるのは、課題の目標設定が「具体的」で「近接性」があり、「適度に困難」であるという条件が揃うときであるとしています。「具体性」は、学習者がより具体的に目標設定するほどよいという考えです。例えば、「志望する大学に合格したい」という大きな目標を持つことも大事ですが、その目標に至るまでにどのようなことを達成していく必要があるのかを考え、より明確で具体的な目標（例えば「全受験科目の過去問で8割以上の成績をとる」）を持つということです。「近接性」については、学習者がより短期的な近接目標を持つほどよいということを意味します。「全科目の過去問を10年間分すべて解く」という長期的な遠隔目標を持つことも大切ですが、あわせて「毎日、1科目、1年分の過去問を解いていこう」という近接目標を持つことがより重要といえます。なぜなら、近接目標を1つずつクリアすることにより、その日の目標が達成できたという達成感や自信を味わうことが容易になり、学習者が自身の進捗や成果を評価しやすくなると考えられるからです。「困難度」については、自分が容易に達成してしまう課題ばかりでは自身の能力を高く認知することにはつながらず、かといって困難過ぎる課題では成功体験を感じることができないため、簡単な課題よりも達成可能な困難課題の方が有効とされます。将来の夢があるというこころちゃんも、まずは具体的かつ実行可能な目標を1つずつクリアし、自分をほめてあげることを繰り返すことで、次第に自信を高めていくことができるでしょう。

120

2 学習理解を促進する学習活動とは？

　前の節では，学習の動機づけや自己効力という観点からこころちゃんの学習に対する悩みについて考えてきました。しかし，こころちゃんの学習に対するやる気が高まったとしても，どう学習を進めるかがわからないことには，再びやる気が下がってしまうかもしれません。こころちゃんは，「勉強にはそれなりの時間を費やしている」けれども「苦手な科目はどう勉強したらよいのかがわからない」といい，学習成果に結びついていないようです。ここからは，効果的に学習を進めていくにはどうすればよいのか考えていきましょう。

[1] どのような学習方法が効果的？

　まず，表9-2で，みなさんの「学習に対する考え方」を振り返ってみましょう。右側の列にある項目（b・d・f）のように，「勉強のやり方を工夫すること」「理解しながら覚えること」が重要と考えている人もいれば，左の列にある項目（a・c・e）のように，「勉強＝覚えることだ」「勉強時間の長さこそ重要」と考えている人も多いのではないでしょうか。内発的動機づけが高い学習者ほど，ただ勉強時間を費やす，機械的に暗記するということでは学習成果に結びつきにくいことを理解し，意味を理解しながら覚える学習方法を実行するといったように，勉強のプロセスを重視していることが明らかになっています。

　心理学では学習方法のことを**学習方略**と呼びます。学習方略にはさまざまな分類がありますが，ここでは，認知的方略，メタ認知的方略の2つの学習方略について紹介します。

表9-2　あなたの「学習に関する考え方」に近いものにいくつでも〇をつけて下さい。
（植阪ら，2006 より一部改変）

a. なぜそうなるかわからなくても，正答することが重要だ	b. 答えが合っていても他の解き方があるかを考えることが重要だ
c. 勉強はまず覚えることが重要だ	d. 勉強は理解して覚えることが重要だ
e. 成績の良さは勉強時間を費やすことが重要だ	f. 学習効果を上げるには，勉強方法を考えることが重要だ

1）認知的方略（暗記学習だけでは限界がある？）

　認知的方略とは，学習内容の理解や記憶を促進するために使用する方略です。
　上でも述べたように，例えば，「繰り返し教科書を読む」「テスト範囲のキーワードをひたすら書く」といった学習方法は，**リハーサル**とか**反復方略**と呼ばれ，単純で機械的な反復学習であることから「浅い処理の学習方略」とされます。
　一方，英語学習において，スペリングや意味が似ている英単語をまとめるなど，覚えるべき対象を覚えやすいようにカテゴリーに整理して体系化したり（**体制化**），新しい単語を覚える際に，単に単語を繰り返し見たり書いたりするだけではなく，同意語や反意語も合わせて覚える，あるいは，単語が出てきた文脈と一緒に覚えるなど，覚えるべき対象に関連する情報を付加して覚えたり，すでに持っている知識と新しく学ぶ内容を結びつけて覚える学習方法（**精緻化**）をとっている人もいるでしょう。これは単に学習内容を丸覚えするのではなく，より学習内容を理解しよう，長く記憶に残るようにしよう，という学習方法で，「深い処理の学習方略」とされます。
　このような浅い処理，深い処理の学習方略はともに「認知的方略」であり，自分自身の記憶や思考などの認知的プロセスを調整することで効果的な学習を促す方法ですが，より深い処理の学習方略を行う方が学習成果に結びつきやすいと考えられてきました。しかし，浅い処理の学習方略が決してよくないというわけではなく，どういう課題でどのような学習方法を選択するのがよいのかをしっかり考え，柔軟に使い分けながら学習を進めることが重要です。

2）メタ認知的方略（自分の学習を一段上から見直してみよう）

　学習理解を促進する学習方略が修得できたとしても，本当に学習内容が理解できているのか，目標に到達できたのかを見直す必要があります。また，学習成果によっては，これまでの学習方略を見直し，より自分に合った方法，より成果が上がりそうな方法を新たに見出していく必要があります。そのためにはどうすればよいのでしょうか？
　この問いに答えてくれるのが，心理学の「認知」という考え方です。とりわけ学習場面においては，「今回のテスト範囲，きちんと理解できているだろうか」「この課題の内容で他者に自分の言いたいことが伝わっているかな」と自身の

認知活動を振り返る場面があります。このように，自分のさまざまな認知を客観的に見つめ直すこと，すなわち「認知」の認知を**メタ認知**と呼んでいます。「メタ」とは，ギリシャ語で「一段上の」を意味しています。

メタ認知的方略とは，このメタ認知を働かせる学習方略をいい，「自分がどのくらい理解できているか」を客観的に振り返り，その状況によって「学習方法を柔軟に調整する」という学習方法です。

図9-5は，2018年3月に高校を卒業した703名の高校3年間の追跡データ結果の一部です。高2から高3にかけての成績の変化により4つのグループに分け，「何がわかっていないかを確かめながら勉強している」というメタ認知の使用程度との関連を示しています。メタ認知を活用している学習者ほど成績が良く，成績が上昇した生徒も「使用する」方向に変化していることがわかります。しかし，成績がずっと下位の生徒の中にもメタ認知を使用していると回答する生徒もいるため，どのようにメタ認知を使用しているのかという質的な側面にも留意する必要があります。

自身の学習活動を常に客観的に捉えながら学習を進める「メタ認知」を働かせる習慣を身につけることは，知識や技能を獲得するのと同様，あるいはそれ以上に重要です。また，メタ認知は，学習を遂行している最中だけではなく，

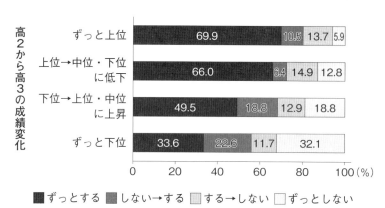

図9-5　高2から高3の成績変化別メタ認知
（何がわかっていないか確かめながら勉強する）の使用程度
（東京大学社会科学研究所・ベネッセ教育研究所, 2019に基づき作成）

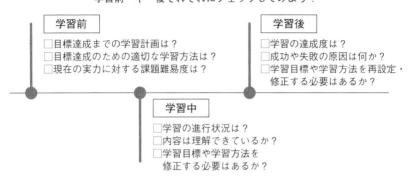

図 9-6 メタ認知のチェックリスト
学習前・中・後それぞれにチェックしてみよう！

表 9-3 あなたはどのくらい「認知的方略」「メタ認知的方略」が使えている？
(梅本, 2013 より一部改変)

認知的方略（深い処理の学習方略）	メタ認知的方略
・前に習ったことを思い出しながら，勉強を進める ・勉強するときは，同じ内容はまとめて覚える ・勉強をするとき，その内容を頭の中に思いうかべながら学習を進める ・用語などを覚えるとき，似たようなものをまとめて覚える ・勉強をするときは，内容を関連づけて覚える ・勉強するときは，新しい内容と今まで習って来たことを頭の中で結びつける	・自分で決めた計画に沿って勉強する ・勉強のやり方が自分にあっているかどうかを考えながら勉強する ・これから何をどうやって勉強するかを考えてから勉強する ・やった内容を覚えているかどうかをたしかめながら勉強する ・最初に計画をたててから勉強する ・自分がわからないところはどこかをみつけようとしながら勉強する

学習前および学習後にも適切に学習に取り組めているかを確認することによって，より学習理解を促進すると考えられます（図9-6）。

以上のように，本節では学習方法（学習方略）について主に2つの方法を紹介しました。表9-3は，普段あなたが認知的方略やメタ認知的方略が使えているかを確認するチェックリストです。これからは，2つの学習方略の内容を常に念頭に置きながら，学習を進める習慣を身につけていきましょう。

わかっているのにやってしまうのはなぜ?

お母さんに誘われて修学院のカフェ巡りにやってきたこころちゃん。京野菜プレートランチを食べて，腹ごなしに雲母坂麓の砂防ダムまでお散歩です。歩いている途中でLINEの返信をしていると，「歩きスマホはやめなさい。何回言わせるの？」とお母さんのボヤキ。すると，比叡山を眺めながら「自分の行動をコントロールするには工夫がいるんですよ」と空間先生が声をかけてくれました。

比叡山 雲母(きらら)坂

▼雲母坂から見下ろす京都
▲結界石碑
▼比叡山延暦寺 弁天堂

平家物語で時の権力者・白河院が「我が心にかなはぬもの」と制御不能を嘆いたのが，賀茂川の水・双六の賽・山法師の3つ。山法師とは比叡山延暦寺の僧兵のことで，当時の政治力や軍事力は絶大でした。音羽川から山頂へと登る雲母坂は天皇の手紙を延暦寺に届ける勅使道で，途中からは結界が張られる「聖域」となります。雲母は花崗岩に含まれるキラキラした成分ですが，崩れやすく坂道も険しくなりがちです。僧兵たちはそんな悪路をものともせず，大津の日吉社から神輿とともに山を越え，雲母坂を下り，御所で強訴(ごうそ)をしたそうです。

おさんぽ10　わかっているのにやってしまうのはなぜ？　　125

こころ

歩きスマホや試験前にやってしまうゲーム……後で困るってわかっているのに「つい」やってしまいます。人はなぜ，このような行動をしてしまうのでしょう？　どうしたらやめることができますか？

空間美智子
先生

自分の行動を客観的かつ細やかに分析してみると，そのメカニズムがわかってきます。行動を分析するための視点や「なぜやってしまうんだろう？」の理由を分析するための枠組みを理解して，解決方法を考えてみましょう。

1　行動の原理

　私たちは，日々，自分がしているさまざまな行動は，自分がやろうと思ってやっていることと思いがちです。しかし，実際には，やろうと思っていなかったことをついやっていたり，逆に，やろうと思っていたことをしなかったりすることもあるでしょう。それはなぜなのでしょうか。このことを考えるためには，まず，その行動の原理を知る必要があります。

[1] 生得的行動と習得的行動

　私たちの行動は，大きく分けると，生得的行動と習得的行動に分けられます。生得的行動は，先天的要因（遺伝）により決定される行動であり，同じ種の動物であれば個体差はほぼありません。これは，反射や本能的行動とも呼ばれます。一方，習得的行動は，後天的要因（経験）により決定される行動であり，同じ種の動物であっても，それまでの経験によって異なります。このうち，心理学で研究の対象となっているのは，習得的行動です。過去の経験が現在の行動にどのように影響を及ぼしているのかを考えるときには，心理学の一分野である**学習心理学**の知見が役立ちます。ここでの学習とは，経験を通して私たちが獲得する行動の変化の過程を意味します。

[2] レスポンデント条件づけ

　生得的行動と習得的行動は別々のものとして分けられますが、これらのつながりを明らかにしたのは、ロシアの生理学者イワン・パブロフでした。パブロフが明らかにした習得的な反射の仕組みは、以下の手順で説明できます（図10-1）。まず、イヌに餌を与え、唾液が分泌されることを確認します。次に、餌は与えず、メトロノームの音を聞かせ、唾液が分泌されないことを確認します。その後、メトロノームの音を聞かせながら餌を与えることを繰り返します。この結果、イヌの唾液は、メトロノームの音を聞かせるだけで分泌されるようになりました。

　イヌに餌を与えると唾液が分泌されるのは、生得的な反射です。ここでの餌は**無条件刺激**（unconditioned stimulus: US）と呼ばれ、この無条件刺激によって引き起こされた唾液分泌は**無条件反射**（unconditioned reflex: UR）と呼ばれます。一方、メトロノームの音だけで唾液が分泌されることは、習得的な反射です。餌と唾液分泌という生得的な関係に、メトロノームの音という新しい刺激が同時に与えられるという経験によって獲得されたものなのです。ここでのメトロノームの音は**条件刺激**（conditioned stimulus: CS）と呼ばれ、条件刺激によって引き起こされた唾液分泌は**条件反射**（conditioned reflex: CR）と呼ばれます。このような経験によって、新たな反射が獲得される現象は、**レスポンデント条件づけ**と呼ばれます。

図10-1　条件反射形成の模式図（伊藤, 2005 に基づき作成）

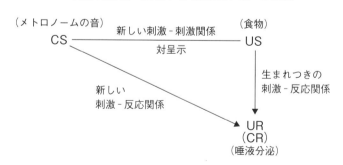

[3] 情動条件づけ

　以前よく聞いていた音楽を偶然耳にすると，その当時の感情や感覚が呼び起こされ，ふと楽しい気持ちになったり，逆に沈んだ気持ちになったりすることもあるかもしれません。このように，何らかの刺激を受け取ったときに自動的に引き起こされる感情や感覚も，レスポンデント条件づけの1つである**情動条件づけ**として理解することができます。

　パブロフは，イヌの唾液分泌という反射の形成過程を明らかにしましたが，レスポンデント条件づけは，ヒトを含む動物のさまざまな反応について成立します。アメリカの心理学者ジョン・B・ワトソンは，ヒトの恐怖反応がレスポンデント条件づけによって成立することを，乳児を対象とした実験によって明らかにしました（Watson & Rayner, 1920)。「アルバート坊やの実験」として知られるこの研究は，以下の手順で実施されました。まず，アルバート坊やが白いラットを怖がらないことを確認します。次に，アルバート坊やが白いラットに触ろうと手を伸ばしたときに，彼の後ろで大きな音を立てます。このような，白いラットと大きな音の対呈示を繰り返します。7回の対呈示の結果，アルバート坊やは，白いラットを見ただけで泣き出すようになりました。さらにその後，この条件づけに用いられた白いラットだけでなく，ウサギや毛皮のコートに対しても恐怖反応を示すようになりました。これは，**般化**と呼ばれます。100年以上前に行われたこの実験は，倫理的に問題があり，これまで多くの批判を受けてきました（高砂, 2019)。一方で，この実験が行われた当時は，恐怖反応を，経験によって学習されたものとして説明し，新たな学習経験によって，これを解消できる可能性を示したことには意義があったと考えられます。

　私たちは日常生活を送る中で，偶然に，何らかの感情を引き起こす刺激（US）を受けると同時に，他の刺激（CS）にもさらされています。このような経験が，自分でも気づかないうちに，その後の自分の感情に影響を及ぼしている可能性があることを，情動条件づけの研究から知ることができるでしょう。

[4] オペラント条件づけ

　レスポンデント条件づけは，何らかの刺激によって受動的に引き起こされる感情や，その感情に伴う行動（例えば，恐怖反応）を理解するために役立ちま

す。これに対し、オペラント条件づけは、私たちが能動的に自発する行動の原因を、直接的に理解するために役立ちます。

アメリカの心理学者バラス・スキナーは、まず、私たちの行動を、環境から何かの刺激を受けて受動的に引き起こされる行動と、環境に対して積極的に働きかける行動に分けました。そして、前者をレスポンデント行動、後者をオペラント行動と名づけました。パブロフが発見したレスポンデント条件づけは、ある刺激と別の刺激との関係を学習することにより、レスポンデント行動が形成される過程を意味します。これに対し、スキナーは、オペラント行動は、刺激と刺激の関係ではなく、自発的な行動と刺激との関係を学習することで形成されると考えました。

自発的な行動がなぜ起こるのかという問いに対して、スキナーは、環境との相互作用として行動が生起することを示しました。何らかの刺激（**弁別刺激**）のもとで、オペラント行動が生起し、それに後続して何らかの刺激が与えられた結果、そのオペラント行動の生起頻度が高まることは**強化**と呼ばれます。そして、この場合の後続する刺激は**強化子**と呼ばれます。**オペラント条件づけ**とは、自発された行動に強化子を伴わせる操作、または、この操作の結果、行動の生起頻度が変化することです。3項目からなる随伴性（3項強化随伴性）を明らかにすることが、私たちの自発的な行動の理由を明らかにすることにつながります（図10-2）。このような特徴から、オペラント条件づけの原理は、行動分析学の一分野である応用行動分析学として発展し、教育、医療、福祉等の現場で幅広く応用されています（日本行動分析学会, 2015）。

図 10-2 　3 項強化随伴性の概念図 （伊藤, 2005 に基づき作成）

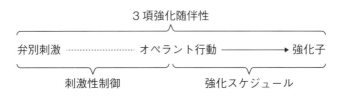

2　セルフコントロールと衝動性

　オペラント条件づけの基礎研究から発展した選択行動研究では，1970年代に，動物を対象として，セルフコントロールと衝動性の研究が始まりました（Rachlin & Green, 1972）。まもなく，その研究対象はヒト（成人），子どもへと広がり（e.g., Forzano et al., 2021），現在では様々な分野で応用されています。学習心理学では，セルフコントロールと衝動性の問題を，次のような場面での選択行動として扱っています。

　即時に得られる小さな報酬（即時小報酬）と，待ち時間の後に得られる大きな報酬（遅延大報酬）間の選択場面において，即時小報酬を選択することは**衝動性**，遅延大報酬を選択することは**セルフコントロール**と定義されています（Rachlin, 1980）。即時小報酬と遅延大報酬間の選択場面において，即時小報酬を選択（衝動的な選択）するのはなぜでしょうか。それは，「待ち時間の後」という時間要因により，遅延大報酬の価値が即時小報酬の価値より主観的に低くなるためです（Rachlin, 1980）。こうした選択の背後には，**報酬の価値割引**の過程が想定されています。時間要因により報酬の主観的価値が割り引かれる現象は，**遅延割引**と呼ばれます。アルコール，薬物，ギャンブル等の依存症の人は，遅延される報酬の価値を大きく割り引く（衝動性が高い）ことが報告されています（e.g., Amlung et al., 2017）。そして，その治療には，遅延割引の枠組みが応用されています。

[1] 選択行動として見るセルフコントロール

　勉強を始める時間をあらかじめ決めていても，実際にその時間になると，なかなか取りかかることができずに，つい他のことをしてしまった経験はないでしょうか。これは，**選好逆転**という現象の日常例の1つです。勉強を始める時間を決めた時点では，他のことをすることで得られる報酬の価値より，勉強をすることで得られる報酬の価値の方が高いため，例えば「8時になったら勉強を始めよう！」と決心します。しかし，いざ勉強を始める時間になると，勉強を始めることで得られる報酬の価値より，他のことをすることの価値の方が高くなっていることがあります。報酬の主観的な価値は時間によって変化するこ

図 10-3　即時小報酬と遅延大報酬の主観的価値の割引過程（Rachlin, 1980 を一部改変）
上図：縦軸は報酬の主観的価値，横軸は報酬を得るまでの時間を表す。得られる報酬が時間的に離れているとき（X）は，遅延大報酬の価値（実線）が高いため遅延大報酬を選ぶ（セルフコントロール）が，時間的に接近しているとき（Y）は，即時小報酬の価値（破線）が高いため即時小報酬を選ぶ（衝動性）ことになる。
下図：上図の日常例を表す。春には，秋に新しい車を買いたいと思っているが，夏が近づくと，夏休みに旅行に行くこと価値の方が高くなる。夏に旅行のためにお金を使うことで，秋には新しい車を買えなくなってしまうことを表す。

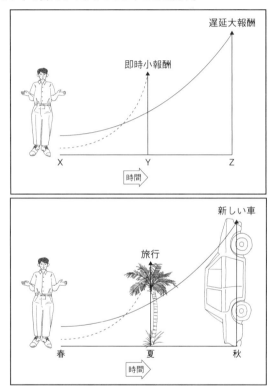

とから，選択も変化してしまうのです。

　即時小報酬と遅延大報酬間の選択場面において衝動性が選択されるのは，目の前に報酬がある時点（Y）では，即時小報酬の価値が遅延大報酬の価値より高いためと考えられます（図 10-3 上図参照）。一方，得られる報酬が時間的に離れている時点（X）では，遅延大報酬の価値が即時小報酬の価値より高いため，遅延大報酬が選択されます。このように，時間の経過にともなって遅延大報酬

から即時小報酬へと選好が逆転することは，選好逆転と呼ばれます。

このような選好逆転現象の理解は，臨床場面において，依存症の治療に適用できる可能性があります（蒲生, 2017）。アルコールや薬物をやめようと思っていてもなかなかやめられない理由を，誰にでも起こりうる行動の現象の一つであると理解することは，依存症患者が自分自身を過度に責めてしまうことを避け，回復への具体的な方法を見つけるための第一歩でもあるのです。

［2］衝動性が高まる要因

これまで述べてきたように，即時に得られる報酬が目の前にあるとき，それを得るという衝動性をコントロールすることは容易なことではありません。誰にとっても，即時に得られる結果というのは，即時というだけで価値が高いのです。しかし，衝動性には個人差が見られることも確かです。他の人に比べて，衝動性を上手くコントロールできる人もいるでしょう。一方, 普段はコントロールできる人も，ある場面ではコントロールできない（衝動性が高まる）こともあるかもしれません。このような違いには，何が関係しているのでしょうか。

例えば，大学生を対象とした研究では，過去，現在，未来の自分に対する評価と衝動性との関連について検討されています（陶山・空間, 2019）。この結果,過去や未来の自分に対する評価は衝動性には影響を与えない一方で，現在の充実感が低いと感じている人ほど，衝動性が高い可能性が示されました。また,中学生を対象とした研究では，勉強など，何かに対する意欲が低くなっている人ほど，衝動性が高い可能性も示されています（寺尾・空間, 2019）。中学生と高校生を対象とした別の研究では，ストレスが低い人ほど，衝動性が高い可能性が示されていますが（林田ら, 2023），この結果は，成人を対象とした研究結果（Malesza, 2019）とは逆の傾向でした。同じ要因でも年齢によってその影響が異なるのかもしれませんが，これを明らかにするためには，今後さらなる研究が必要です。

［3］未来の自分から，現在の自分を見る

自分の行動をコントロールすることができず，衝動的選択をしてしまう行動傾向について，「衝動性が高い人」とか「意志が弱い人」と表現することで，そ

の人の性格として理解することもできます（「おさんぽ2」参照）。しかし，性格として理解すると，その人が常にもっている性質のように思って納得してしまい，その性格を構成するような一つ一つの行動の変化を諦めてしまいがちです。学習心理学では，私たちの行動の一つ一つを，それぞれ環境との相互作用として捉えます。したがって，ある行動とその環境との相互作用を分析し，その分析に基づいて，置かれた環境を変化させれば，行動は変化すると考えられます。

　伊藤（2005）は，選択行動としてのセルフコントロールの基礎研究の知見から，セルフコントロールを確立するための方法の一つとして，「全体的見方」を身につけることを挙げてます。これは，局所－全体，目先－将来，短期－長期という対比的な見方で，自分の行動を考察することです。実際に，未来の自分のことについて具体的な場面を想定することは，大学生のセルフコントロールを高める可能性が示されています（朝廣ら，2022）。このように，自分の未来の出来事についての具体的で詳細なエピソードや，その感覚などについて考えることは，**エピソード的未来思考**と呼ばれます。最近の研究では，依存症の治療プログラムにエピソード的未来思考を取り入れ，その効果を遅延割引の低下として示すことで，遅延割引の低下（衝動性の低下）が依存症の回復を支える可能性について検討されています（e.g., Hudson et al., 2024）。

　自分の現状が上手くいっていないと思う時は，未来の自分の視点から現在の自分を見てみましょう。そして，現在の自分の行動の中で，具体的にどの行動を変化させると良いのか見つけてみましょう。具体的な行動が決まったら，オペラント条件づけの原理に基づいて，その行動を分析してみましょう。

［4］セルフコントロールの実践

　オペラント条件づけの原理に基づいて行動を分析することは，**機能分析**とも呼ばれます。機能分析は，3項強化随伴性の枠組み（図 10-2）を，日常場面におけるさまざまな行動の分析に応用したものであり，①いつ，どのような場面で，その行動が起こるのかということと，②その行動の結果，どうなるのかということを，明らかにする作業です（図 10-4）。

　ついやってしまう行動が繰り返されるのは，その行動をする人にとって，その行動をした直後に良い結果が得られるためと考えられます。言い換えると，

図 10-4 「スマホで気になる情報を見る」行動の機能分析と介入法
（空間, 2022 を一部改変）

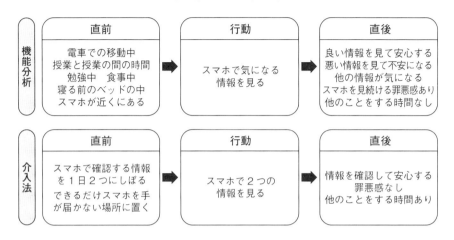

　その行動をする直前と直後の状況の変化が、その行動をする人にとって、強化子として機能しているのです。機能分析では、いつ、どのような場面で起こるのかということ（直前の状況）だけでなく、その行動の結果（直後の状況）に注目し、環境と行動との相互作用を明らかにすることが重要です。一度、自分の身近な例で実践してみることは、行動の原理だけでなく、日常生活と心理学とのつながりを理解することにも役立つでしょう。

3　セルフコントロールと利他性

　報酬の価値割引の要因として、時間要因だけではなく、「他者と共有する」という社会要因についても研究されています。これは社会割引と呼ばれます（Jones & Rachlin, 2009）。社会割引の程度は、他者と共有することにより、その報酬の主観的価値が低下する程度（利己性）を表します。これまでの研究で、他者に対する共感性が低い人は、他者と共有する報酬の価値を大きく割り引く（利己性が高い）可能性が指摘されています（上田・空間, 2022）。また、子どもを対象とした研究では、問題行動（攻撃性やルール違反）を示す子どもは、他者と共有する報酬の価値を大きく割り引くことも報告されて

134

います（Sharp et al., 2012）。

[1] 選択行動として見る利他性

　学習心理学では，利他性と利己性の問題を，次のような場面での選択行動として扱っています。独占する小さな報酬（独占小報酬）と，他者と共有する大きな報酬（共有大報酬）間の選択場面において，独占小報酬を選択することは**利己性**，共有大報酬を選択することは**利他性**と定義されています（Jones & Rachlin, 2009）。

　衝動性とセルフコントロールの問題には，現在と将来の自己との間の利害対立（個体内ジレンマ）が含まれています。これに対し，利己性と利他性の問題には，自己と他者との間の利害関係（個体間ジレンマ）が含まれています。そして，これらは類似した構造のジレンマであることが指摘されています。伊藤（2005）は，個体の行動の分析と，個体間の相互作用の分析との関係を次のようにまとめました。個体の行動の分析は，ある空間における，ある時点と別の時点との時間的な関係を分析することです。これに対し，個体間の相互作用の分析は，ある時点における，ある個体と別の個体との空間的な関係を分析することです。他者の存在を一種の環境と捉えることで，個体内ジレンマと個体間ジレンマは，同一の枠組みで分析することができます。

　Locey et al.（2013）も，セルフコントロールと利他性の関係について，時間軸上の差異間の選択と，空間軸上の差異間の選択として説明しています。セルフコントロールは，時間的に狭い視野で見た結果（衝動性）ではなく，広い視野で見た結果を選択することです。これに対し，利他性は，空間的（社会的）に狭い視野で見た結果（利己性）ではなく，広い視野で見た結果を選択することです。

[2] 今後の研究の展望

　遅延割引と社会割引は共通の割引関数で記述されますが，その違いについて，近年，さまざまな変数との関連が検討されています（井垣, 2019）。例えば，スマートフォンを操作しながら自動車を運転することは，事故につながる危険な違法行為ですが，運転中にスマートフォンを操作する人は，そうでない人より遅延割引の程度が高いことが明らかにされています（Hayashi et al., 2015）。

同様に，歩きながらスマートフォンを操作する人は，そうでない人より，遅延割引の程度が高いことが指摘されていますが，社会割引では差が見られていません（Igaki et al., 2019）。

　大学生を対象とした研究では，遅延割引の程度が高い人ほど，社会割引の程度も高いことが報告されていますが（Jones & Rachlin, 2009），小学生から高校生を対象とした同様の研究では，両者の間で明確な関連は見られていません（林田ら，2023；空間ら，2020）。現時点では，遅延割引と社会割引との間に何らかの共通点は想定されるものの，その共通点を明らかにすることは，今後の研究課題の一つです。セルフコントロールと利他性は，子どもの社会化の過程においても，どちらも重要な側面です。例えば，近年，発達障害児の衝動性と社会性を理解するために，報酬の価値割引の枠組みを用いた研究も試みられています（池上ら，2020; 中島ら，2021）。

　さらに今後は，グローバルな視点からも，セルフコントロールや利他性の問題を検討する必要があるでしょう。遅延割引や社会割引を異文化間で比較する研究はこれまでにも行われてきましたが（e.g., Ito et al., 2011），近年は，例えば，環境配慮行動や防災行動など，世界共通の課題に対する個人の具体的な行動と遅延割引との関連を検討する研究も始まっています（青山，2024；佐伯ら，2019）。持続可能性や地球温暖化などのグローバルな課題に対する個人や社会の反応の違いを理解するためにも，報酬の価値割引の枠組みは役立つと考えられます。

4　おわりに

　この章を読み終えて，自分の行動について，「いつも自分が思った通りに行動できるわけではないんだな」と感じていたら，ここで私が伝えたかったことは，ある程度伝わっていると思います。ここまでに見てきたように，「ついやってしまうこと」には，これまでの自分の経験と，現在の自分の周りの環境とが，大きく影響しているのです。これを理解した上で，具体的にどのような行動を変化させたいかが決まれば，学習の原理に基づいてその行動を分析してみましょう。ささいなことでも良いので，周りの環境を少し変化させることで，自

分の行動は変化していきます。

「ついやってしまうこと」は，おそらく，すぐに自分にとって良い結果が得られる行動でしょう。だからこそ，やめられないのです。しかし，すぐに得られる良い結果のための行動を続けていると，将来得られる可能性のあるさらに良い結果を得ることはできません。時には，未来の自分の視点から，現在の自分を見ることも大切です。同じように，社会の中の自分の視点から，個人としての自分を見ることも大切です。時間的，空間的に広がりを持った視点から，自分の行動を見つめてみることで，自分の行動の可能性はもっと広がるでしょう。

環境が私たちの行動に影響を与えているように，私たちの行動もまた，他者の行動や環境に影響を与えています。このようにして，私たちの個々の行動は，私たちを含む社会全体とつながっているのです。時には思い通りにならない自分の行動ですが，自分の行動は自分だけのものではないことを知れば，もっと上手く付き合っていくことができると思います。

陰陽道と強迫行動

平安時代中期に陰陽師として活躍した安倍晴明(あべのせいめい)。映画やコミックにも描かれ，大人気の歴史的人物です。未来を占ったり式神を操ったりと，あたかも超能力者のように見られがちですが，国の機関である陰陽寮で天文学や暦学を学び，政治的判断に助言をし，祈祷やまじないで国を発展・防衛する公務員でもあります。

陰陽道によって，人々の生活は制約されつつも守られていました。例えば「方違え(かたたがえ)」は，外出や宮中行事，戦を始めるときなどに方角の吉凶を占うもの。目的地がすぐ西隣でも「西は凶」となれば，いったん南西の知人の家に寄ってから北西に進むという回り道をします。そんなことで災いを避けられるの？ 迷信に従って遠回りなんて，めんどくさいし時間がかかる……と正直言いたくもなりますね。では，この現代において，そんな非合理的・非科学的なことはしないのでしょうか？

例えば，受験前の神頼み，験(げん)を担いで勝負服を着る……という風に，自分の信心に従ったりジンクスを避けたりして行動することはしばしば見られます。大安や仏滅によってお祝いやお葬式の日取りを調整することもありますね。この「六曜」と言われる暦の法則も，陰陽五行説に基づく暦学から来ているそうです。

科学的に「AならばB」という説明ができないとしても，結果的にその根拠をどこに持っていくのかは人によって自由。ある仮説を立証したいとき，その仮説を支持する情報を集めがちであることを，社会心理学や認知心理学では「確証バイアス」などと説明します。結局，人は自分が信じたいように世界を見てしまうので，成功すれば「大安を選んだおかげ」，失敗すれば「方角を間違えたから」とも考えうるわけです。

心理カウンセリングに来る方の訴えの中には，不合理・おかしいとわかっているのにやめられない行動や考えもあります。強迫行為・強迫観念といわれ，「手を洗うことをやめられない」「何度も鍵をかけたか確認してしまう」などが一例です。キレイ好きや慎重さは理に適ったよいことですが，度が過ぎて日常生活に支障が出てしまうと治療対象になることもあります。祈禱などの宗教儀式も心の安定につながる面もあれば，ちゃんと行わないと「バチが当たる」ことを過度に恐れたり，人に押し付けたりすると強迫的と捉えられます。どちらも日々の生活の支えにも障りにもなる両面性があるわけです。

こういった行動の理由を考えると，生きていく限り「不安はなくならない」とつくづく思います。訳がわからない，予測が立たない，どれだけデータがそろっても自分の人生がどう転ぶかわからない。だからこそ，状況の一部を切り取り，経験則を見つけては因果関係として意味づけ，不吉を避けるストーリーを描きながら人々は生き延びてきたのかもしれません。いつの時代にも人は，不安を落ち着かせるために，生きるための指針となるような信仰や理論や思想を生きるための杖として探しています。陰陽道を非科学的という人もいるでしょうが，客観的といわれる現代科学も案外1つの信仰にすぎず，千年後には「そんなこと信じてたのか」となるかもしれません。

ちなみに，運転に自信のない私は，新車を地元の神社でお祓いしてもらい，お守りやステッカーをいただきます。自動ブレーキ装置が普及してきて死亡事故は減ってきているそうですが，それでもやっぱり念のため。ちなみに，京都御所西にある晴明神社の社紋は，一筆書きの星形「五芒星」。陰陽道の祈禱呪符の1つで，京都ナンバーの車にはこのステッカーがよく貼られています。フォルムも安倍晴明もかっこいいし，次の車はそれにしようかな……なんていい加減なことを言うと，氏神様のバチが当たるでしょうか？（伊藤一美）

参考）晴明神社公式HP（https://www.seimeijinja.jp/）

晴明井の五芒星▲

おさんぽ 11
家族関係はなぜ難しい？

両親に誘われて下鴨神社の古本市にやってきたこころちゃん。2人は古地図や昭和アイドル雑誌を熱心に物色してるけど，面白くないし帰りたいな……行かないって言えばよかったな…でも断るとお母さん不機嫌になるしな……と糺の森の小川を眺めていると「親とうまく距離が取れるようになるといいね」と伊藤先生が声をかけてくれました。

📍 下鴨神社

▶糺の森での下鴨納涼古本まつり

▼方丈の庵（復元）

鴨 長明は平安末期の随筆家。下鴨神社の神職（禰宜）の子として生まれるも，一族内の権力争いに敗れて出家し，隠遁した方丈庵で『方丈記』を執筆しました。冒頭の「ゆく河の流れは絶えずして しかももとの水にあらず」は有名ですね。災害や戦争が繰り返し起こる中世の無常観は現代人の感覚にも通じ，今でも不動のベストセラーです。方丈とは1丈（約3m）四方のことで，下鴨神社境内の糺の森には方丈庵を模した建物もあります。古来より伝わる流鏑馬神事とともに，古本市やポップなアートフェスなど，新旧文化が入り混じる神社です。

おさんぽ11　家族関係はなぜ難しい？　　139

こころ

家族って嫌いじゃないけど、たまに息苦しい。ささいなことでギクシャクしたり、かと思うとお母さんから相談されたり。進学で家を離れるかどうかも悩んでます。どうしたものでしょう？

伊藤一美 先生

家族は安心できる場所にもなる一方で、時には呪縛にもなるヤヤコシイもの。そんなことを思い描きながら、親や家族の役割と付き合い方を考えてみましょう。

1　子どもは守られるもの？

　家族や家庭って、何でしょう？　辞書『大辞林』（第四版）を引いてみると、家族は「夫婦とその血縁関係にあるものを中心として構成される集団」、家庭は「夫婦・親子などの家族の集まり。また、その生活の場所」とあります。かつての伝統的社会では生活の糧を得ることが家庭の役割でしたが、近代になって仕事と家庭や性役割分業が進み、①子どもの社会化、②生活の保障、③情緒的安定の3つになったとされます（小田切ら, 2017）。大人にとっても子どもにとっても、生命維持のための衣食住の生活基盤に加え、心身の安全・安心のための拠点という面が強調されるようになったといえます。

　赤ちゃんは子宮から外に放り出され、選択の余地なく1つの家庭に迎え入れられます。目もよく見えず混沌とした世界の中で、寝て起きて、ご機嫌と不機嫌を行ったり来たりです。言葉も身振りも未熟で、伝える手段も泣いたり笑ったりすることくらい。大人の世話なしには生き延びられません。この訳のわからない世界の中で、不足や不快が解消されて快に転じて……を繰り返す中で、「どうやらこの人（たち）は信じてもいいかも」と認識できるようになってきます。たまにスルーされたり、思ってたのと違う対応をされることもあるでしょうが、ほどほどによい感じで満たされ（good enough）ていく……その人たちが"重要な他者"であり、多くの場合は親がそのプレイヤーとして世界に登場してきます。

この重要な他者と赤ちゃんとの関係の変遷について，マーラー（Mahler et al., 2001）が論じた「**分離・個体化理論**」を紹介します。生まれてすぐは自分と世界と一体化していますが，視力や筋力が発達し注意を向ける力がついてくるのに連動して「分化期」がやってきます。ヒトとモノだけでなく，自分と他者，他者の中でも区別がはっきりしてきて，ミルクやおむつや暖かさなどを運んでくれる重要な他者の存在がわかるようになります。いわゆる人見知りの始まりです。以前は誰にでも笑っていたのが見慣れぬ人には目を逸らして泣き叫ぶわけで，大人はちょっと困ってしまいます。でも，子どもの発達としては，大切な人を見分け情緒的な愛着基盤が形成されつつあることの証拠。赤ちゃんが安全・安心を確保するためのサバイバル戦略です。

さらに，ハイハイやアンヨが始まる0歳後半になると，親から離れて遊んでは戻ってエネルギー補給を繰り返す「練習期」を経て，次にはちょっと離れては「お母さん／お父さん，いるかな？」と不安になって戻るのを繰り返す「再接近期」に至ります。この時期の心は複雑で，親に愛情と承認を強く求めてしがみつきたい分離不安と，興味のまま行動したい願望とがクルクル入れ替わり，後追いやイヤイヤぐずるといった行動となって現れます。このややこしさを周囲が受容しつつ，ほどほどに助けてくれる母親（good enough mother）が定着してくると，互いにちょうどよい距離を取れるようになります。

そして，3歳頃の反抗期。「ジブン！」という個体性が確立していくのと並行して，大切な人のイメージが心の中に根付き，「情緒的対象恒常性」が成立していきます。重要な他者のイメージが内在化されてお守りになる，つまり「離れていても大事な人はいなくならないし，目の前にいなくても自分の安全安心を守ってくれる」という愛着対象との関係基盤ができて，分離・個体化がひとまず完成となるわけです。

こうやって形成される情緒的な絆，すなわち**愛着**について，エインズワースら（Ainsworth et al., 1978）は「危機的な状況において，その対象に接近しようとする認知-行動制御システム」と説明し，3つの機能があると述べています。1つめの「安全基地機能」は，恐怖や不安などネガティブ感情を処理し，子どもを「守る」機能。2つめは「安心基地機能」で，特定の人とつながってポジティブな感情を生みだし，子どもに落ち着きを与える機能。この2つは絆に

よって結ばれた親子が互いに接近し基地となることで機能します。3つめは「探索基地機能」といって，基地から離れては戻るという往復を保証する機能。これによって子どもは分離の不安を超えて，自律性や個体化を育んでいくことになります。愛着というと安全安心が強調されがちですが，この機能によって子どもは社会へと推し進められ，新たな世界を広げていきます。

　では，探索基地である親は，どんな心構えでいたらよいのでしょうか？ 確かに幼い子どもは弱く，守らねばならない存在です。周りの大人が敏感に危険察知することは重要ですが，子どもも自分なりに探検したいときもあるはず。ならば，子どもが自ら求めてきたときに「どうぞご利用ください」というのがちょうどよいのかもしれません。それは「情緒的利用可能性」（遠藤，2017）とも呼ばれ，先回りやお膳立てをせずに子どもの活動に踏み込まず温かく見守る，1人でいて好きにすることを最大限尊重し，そっと環境を整え温かい気持ちで応援する立ち位置です。「一緒に行かないけど，ちゃんと待っているよ，遠くから見守っているよ，行っておいで！」と送り出す中で，子どもはその親のイメージを心に内在化し離れていきます。このくらいが小さな子どもが大きな子どもへと移行するときには，ちょうどよい親の心構えといえるでしょう。

2　ウチって普通？ おかしい？

　ここまでは小さな子どもの話だと思ったかもしれませんが，実は愛着関係が再び揺さぶられる段階がやってきます。大人になる前段階の思春期・青年期，しばしば第二次反抗期や**心理的離乳**ともいわれる時期で，こころちゃんの現在地です。

　西平（1990）は心理的離乳を「親や家族への依存や絆をいったん壊す」「自律的に関係を修復する」「大人に向かっていくためにそれまでの人生で親や家族から与えられて染みついている価値観やモラルを超えて自己実現をしていく」と3段階で説明しました。その過程では，それまで当たり前と思っていた親や家に違和感や不快感を抱くこともありえます。

　よその家に行くと，家具や小物，生活習慣，においや雰囲気などなど，さまざまな違和感ポイントがありませんか？ 単にびっくりしたり面白いと思うこともあれば，自分の家と比べて「○○ちゃんちはいいなあ」と羨ましい気持ち

になることもあるでしょう。中学高校と知識が増え，物事を離れたところから相対化・抽象化して見る力，「メタ認知」が育ってくると，「うちの親って，よそと違う？」「恵まれている方なの？　逆に貧しい？」「家のやりかたって何が正解？」と俯瞰して客観的に見るようになるため，なんとなく落ち着かなくなるわけです。

　さらには，自分の中に染み付いたこだわりや習慣や感覚など，"ウチの作法"の根深さにびっくりすることもあります。親に箸の持ち方を注意されると「ウザッ！」となるのに，友だちの食べ方を見て（なんか行儀悪いな）と思ってしまう……反射的に飛び出る自分の行動や考え方にギョッとすることもあります。

　「普通の家庭」なんて，誰にもわかりません。ですが，生まれ落ちた"ウチ"が基準にならざるを得ず，でもそれが唯一の正解でないことを理解したり，必要に応じて新しいスタイルとすり合わせる柔軟性も必要となります。こういった外からの情報にも影響を受けて，親子関係も変化をしていきます。

　落合・佐藤（1996）は 10 代 20 代の若者を対象に親子関係の調査をし，各段階による違いを考察しています。中学生は「親は子を危険から守り抱え，時に手を切る」関係と捉え，大学生は「親は子を信頼承認し，頼りにすることもある」関係と捉える傾向がありました。ところがその間の高校生となると，親と「手を切る」関係という側面以外ははっきりした特徴がなく，親と距離があり，突き放したような関係性が見て取れたそうです。守られる子どもにも，横並びで尊重しあえる大人の関係にもなりきれない，あいまいな移行期といえます。甘えたいのに甘えたくない，受け止めてほしいのに干渉してほしくないという相反した感情が制御不能になるときもあるでしょう。そんなときに親から放たれる「○○したら？」「○○した（しない）方がいいんじゃない？」という言葉は，さぞかし，うざくてだるいことでしょう。

　親の期待や願いは，子どもが健康に育ち社会と接点を持つために必須な一方，子どもの主体性が育っていくためには時に呪縛となります。誰のために自分は頑張っているのだろう，愛情だと思っていた世話や心配や励ましが実は親の自己満足ではないか，都合のよい子どもを求められているのでは……さらには，自分も無意識的にその役割を演じ続けてきたのではないか，本来的な自分はど

こにあるのか……とグラグラすることもあるかもしれません。しかしそれは，親や家からの脱皮のサインです。そこでは，親の願いと子の主体性との分離，親を他人・他者として考える視点が必要になるのです。

3　親は身内？　近しい他人？

　親子関係とは，距離が近いだけに愛情も憎悪も強く複雑になりがちなものです。ここから少しディープな話になりますが，その複雑さと病理性を考えていきたいと思います。まずは，精神医学者ロナルド・D・レイン（Laing, 1961）が例示する親子のやりとりを紹介します。

　学校が終わり教室から出てきた子どもを，母親が校門で出迎える場面です。（「　」は母親，〈　〉は子どものセリフで，一部文章を簡略化しています）

A) 子は母親に駆け寄り抱き着く。母親は抱き返して「お母さんが好き？」と尋ね，子は母親をもう一度抱きしめる。
B) 子は学校を駆け出し，母親は子を抱きしめようと腕を開くが，子は少し離れて立っている。「お前はお母さんが好きでないの？」〈うん〉。母親は「そう，いいわ。お家へ帰りましょう」と言う。
C) 子は学校を駆け出し，母親は子を抱きしめようと腕を開くが，子は近寄らない。「お前はお母さんが好きでないの？」〈うん〉。母親は子に平手打ちを一発食らわせて「生意気言うんじゃないよ！」と言う。
D) 子は学校を駆け出し，母親は子を抱きしめようと腕を開くが，子は少し離れて近寄らない。「お前はお母さんが好きでないの？」〈うん〉。母親は「だけどお母さんはお前がお母さんを好きなんだってこと，わかっているわ」と言って子を抱きしめる。

　さて，こころちゃんに質問です。どの親子関係，どの母親がよいと思いますか？
　Aは言行一致で互いに肯定的なのでよしとして，それ以外が要検討ですね。

仮に「子は親に対して好感情を持つべき」というのが正しいとするなら BCD は全部×。「親は子に対して好感情を持つべきだ」が正しいとするなら，A と D は○，B と C は×？　かな？　そこで好き嫌いではなく，相互のメッセージの受けとめ方から考えると，どうでしょう？　B の母親は子が自分を嫌いだということを否定せず，少なくともメッセージをそのまま受け止めます。C の母親はかなり強烈で，その場に居合わせたら制止するか虐待通報するかも。ただ暴力がダメというのを脇に置いて子の立場になれば，生意気だとかルール破りだと叩かれはするものの，"嫌い"という本音は母親に確かに正面から受け止めてもらえた，ともいえます。また，母親も反撃してきますから，"自分が母親を苦しめてしまった"という罪悪感は比較的少ないかもしれません。

　実は，レインが最大の問題としたのは D。一見，包容力のある優しい母親，何が問題なのでしょう？　それは，子が打ち明けた心情を無視して「あなたは○○と思っている」という一方的な解釈を押し付けている点です。たとえ一時的だとしても，そのときその場で発せられた子の言葉は真実だろうに，それが煙に巻かれて何もなかったことにされてしまう。挙句，〈うん＝好きではない〉と答えたのに，「この子は私のことが一番好き」という母親の思い込みや願望を引き受けさせられ，「好きなんだってことをわかっている」と念押しされてしまう……。つまり，母親が"わかる"範囲内でしか子の感情は存在が許されず，条件付きの感情しか発信が許されない状況なのです。受容的に抱き留められるようにみえながら自由を奪われる……矛盾したメッセージが子どもに残り，それが日常的であれば複雑なトラウマになりかねない問題となります。

　このような親の過剰な期待に絡めとられていく親子関係が，稀に悲劇を生むことがあります。『母という呪縛　娘という牢獄』（齊藤, 2022）は，2018 年に起きた滋賀医大生母親殺害事件を取り上げたノンフィクションです。ジャーナリストの齊藤彩氏が受刑中の娘に丁寧なインタビューを行い，幼少期から教育熱心な母親に期待されながら応えられず，咎められ，大人になってそれをおかしいと思いながらも逃げだせず，結果，母親を殺めることになった……親子の歴史と娘の思いを丁寧になぞっています。すでに 30 歳代の彼女がなぜ逃げ出せなかったのかと疑問に思う人も多いでしょうが，これが距離の近さゆえに起こる思考停止です。

おさんぽ11　家族関係はなぜ難しい？　　145

　これは極端な例だとしても，アダルト・チルドレンや毒親といったワードは
メディアやSNS上でもよく見られ，親の期待するイメージから降りたいのに
降りられないという悩みは珍しくはありません。深さ浅さに個人差こそあれ，
このテーマにもがくのが，"ウチ"を客観視できるようになる思春期・青年期
であり，親を他者（他人）化していくのも脱皮のプロセスです。

　だとすれば，親の側はどうやって子どもを手放していったらよいのでしょう
か？　今度はぐっと親側に視点を移してみましょう。

4　親って，卒業できる？　卒業後の親子関係は？

　子育ては親にとって新しく大きなチャレンジです。赤ちゃんが世界を切り開
くように，またこころちゃんが少しずつ親や家を離れて新しい世界を広げてい
くのと同じように，親も新世界に船出して，見慣れぬ島に上陸し，たくさんの
冒険を経験します。「子育ては親育て」ともいわれるように親も初心者マーク。
スキルも知識も乏しい危なっかしい運転に付き合う子どもの側も，さぞ苦労し
たと思います。まさに，育ってくれてありがとう，です。

　子どもを授かるかどうかは，個人の判断・行動＋天の差配・ご縁の賜物です
が，子を望む願望の強さ弱さにかかわらず，負担のない子育てはありません。
時間も労力もかかる上に，正解もゴールも曖昧でコスパやタイパで説明できず，
リスクがあるのも事実です。子育ての仕方も子どもの気質も親子間の相性もさ
まざま，すっと行く場合も苦労する場合もあります。それでも関係構築しよう
と互いに努力をしながら，親子舟の航海は続きます。

　親になったから見える風景があり，親自身も変容します。柏木・若松（1996）
は，親になることでの心理的変化や人格成長についてアンケートをもとに分析
し，柔軟性，自己抑制，視野の広がり，自己の強さ，生き甲斐などの側面に変
化があったことを結論付けています。そして，子育てに長くエネルギーを注ぎ
込むうちに，かけがえのない大事なものになり，生きがいになり，子どもなし
では生きられない……となることもあります。そうなると，次に親にとっての
課題になるのが「子離れ」というテーマです。

　子どもが大学に行く，一人暮らしを始める，結婚するなど離れていき，親は

親でエネルギーが落ちて更年期に差し掛かることとも相まって，気分が落ち込んだり体調不良になったりするのを「空の巣症候群」といったりします。母親である女性に多いとされ，子離れのテーマにどう向き合うか，子育てに注力していた時間や労力をどう振り向けて新たな生活設計を立てるかが課題になります。発達心理学では，青年期の課題はアイデンティティ（自我同一性）の確立とされていますが，変化の多い中年期にも**アイデンティティ危機**が起こることがあるのです（岡本, 1997）。

　このように子の巣立ちが親の心理的危機を招くこともあるわけですが，発達心理学者の根ヶ山光一（2021）は，「子育ては始まったときから子別れ・子離れを内包し，そもそも子育てとは子別れの道のり」と述べています。

　人と人との関係性には，個体間が引きつけ合う「求心性」と，離れようとする「遠心性」の両面があります。求心性は愛着の安全・安心の基地機能であり，子育てにおいては授乳をきっかけに母親が選ばれがちです。しかし根ヶ山は遠心性の重要性を力説し，母親との愛着を緩めて，他の人との求心性を育むことが大事だといいます。1節で述べた「愛着の探索基地機能」「分離個体化」「情緒的利用可能性」は，いずれも親子の求心力と拮抗させながら「遠心性」を取り込んでいこうとする考え方といえるでしょう。

　かつて「3歳までは母親が育てた方がよい」という母性神話が当たり前だった時代があり，その結果，母親への過度の負担，女性のキャリアアップの妨げ，父親の出番減少といった弊害がありました。最近は社会の考え方が変化してきて，父親の育児休暇制度も進み，保育所や地域のサポーターなど子どもにとって複数拠点がよいことが定着しつつあります。この母親以外が子どもの世話を引き受けるシステムに関連して，根ヶ山（2012）は沖縄県多良間島の風習を紹介しています。そこでは「守姉」という少し年上のお姉さんが子守をするのですが，単なるベビーシッターというよりも，地域コミュニティへのナビゲーター的役割を担っています。島の中で赤ちゃんの自主性や伸びやかさ，人懐こさが十二分に発揮され，守姉も自然と子育て力を身に着けていきます。このシステムは世界各地でみられ，「**アロマザリング**」ともいわれます。

　こんな風に，仮に母親が赤ちゃんにとって第一優先だとしても，父親や祖父母，保育所の先生，近所の人々……と他にも拠点があることは，母親以外に愛

着関係＝求心性を持つことであり，母親との遠心性も同時に生まれます。子どもは日常的で健全なプチ親離れ（家出）を経験し，家以外のネットワークに入っていき，母親も「プチ子別れ」を繰り返し体験できる，というわけです。親子双方が自身の世界を確保・拡張し，二者関係や閉じた家庭内ではなく，社会のネットワークに身を置けるようになる……それが親子の船旅の最終目的地です。旅の途中で別の船に乗り変えるのもよし，気に入った島に下船するもよし。お互いにしがみつかずに「またね」と言えるように，親側も長い時間をかけて卒業の準備が必要です。

　先に紹介したレインの例について，社会学者の奥村隆（2024）は親側の呪縛についても考察しています。もし「お互いが好感情を持つことが家族にとって重要」「優しい母親であるべき」という価値観を母親が前提としているとしたら，ＢとＣはその価値観に傷がつきますが，子の「嫌い」という感情の「存在」を認めている点では共通しています。一方Ｄは，家族幻想とよい母親アイデンティティを母親が自分のために守ろうとして，子の「私」を奪ってしまう現象です。母親自身が「私」であり続けるために，家族や他者（子）の「私」を奪ってしまう，しかも表向き優しい形でそうしてしまうことは，親密な関係であればあるほど起こりがちです。優しくなくても母にはなれるし，なんでも言い合えなくても家族は成立する。もっと言えば家族が成立していなくても「私」は成立できる……その可能性を含んだ仮説を作ることが，思春期・青年期の子を持つ親の大きな課題だと思います。

　古い話で恐縮ですが，私は大学院の修士論文で，青年期の次，つまり成人になってからの母親イメージについて調査研究を行い，そこで興味深い結果が得られました（阿部，1991）。母親の老いに伴って，男女とも母親と尊重しあえる関係になる点では共通しているのですが，男性（息子）は情緒面で評価が下がり，女性（娘）は情緒的関係がより深まって，とりわけ母親役割を離れて自由さや軽やかさを増した母親を肯定的に捉えているという点です。この母と娘がそれぞれ自由になって，家族・親子の枠を離れてつながることができる感覚が，親子とも呪縛から解放されるということだと思います。

　仮に親を卒業しても，きわめて近しい他者としての関係は継続可能ですし，幸か不幸か血縁関係は法によって切れずにいます。なおのこと，親は子を手放

す・諦める準備，子どもは他者であるという事実を定着させること，レインの
Dパターンに陥らないように，親の願望と子の願望とは別であることを子別れ
のプロセスの中で何度も何度も認識しなおすことと，その上でのすりあわせが
大事だと自戒します。

5 若者は家族を超えて 家族は河の泡のように

　たしかに親はちょっとうっとうしいけど，子別れだとか親は他人とまで言わ
れると，こころちゃんはちょっと不安になるかもしれません。自立への欲望と
不安，大人の束縛への怒りと依存，求心性と遠心性……ごちゃ混ぜで心も身体
もせわしないです。この濃密な糸の絡み合いは，どうしたらほぐせるのでしょ
うか？　思いつくまま，ヒントを考えてみました。

　まず，家族の形は思いのほか自由だということ。今の家庭もよし，ソロ活動
もよし，別拠点もよし……。「新しい家庭」の多数派は，現代でも辞書通り結
婚を軸とした家族形成なのでしょうが，主観的・心理的な家族の基準や誰を家
族とみなすのかという「ファミリーアイデンティティ」（上野, 1994）はもっと
多様です。子どもを持たない，再婚夫婦によるステップファミリー，アセクシュ
アルな夫婦，LGBTQ カップルなど，パートナーシップもさまざま。家族も同
居とは限らず，メンバーの範囲も揺れ動くため，人とのつながり方や暮らし方
を柔軟に考える時代になってきました（林, 2021）。

　以前，ゼミ生が「今日は家族会なんです」と話してくれました。要は「家族
で外食」なのですが，響きは女子会や同窓会のよう。なんでも，子たちはすで
に家を出ていて，両親も円満別居中。お金はかかるけれど，お互いの精神的健
康にはちょうどよく，たまに会って旅行や食事をし，病気やアクシデントのと
きには SOS を出せば助けあえる。家族会は，安否確認と近況報告，今後の家
族経営会議に近いとのことでした。音楽性の違いでグループ活動は縮小したけ
れど，完全解散はせずにソロ中心に活動しつつ，たまに再結成してツアーをす
るバンドのようです。

　2つめは，家族以外のコミュニティも居場所になるということ。長期滞在の
シェアハウスや地域の中での助け合いも単身世帯の増加とともに注目されてい

ますし，同じ趣味や社会活動，推し活を介した仲間の重要性も語られることが増えてきました。

　実は，私自身，緩やかな推し活を経験中です。エッセイストのジェーン・スーさんと元アナウンサーの堀井美香さんとがパーソナリティを務める Podcast 番組『Over the Sun』は，「よくぞよくぞ金曜日まで辿り着きました」で始まるおばさん 2 人のトーク番組。ファンが増えて驚くほど巨大コミュニティと化し（内輪では「互助会員」と呼ぶ），イベント企画も盛況です。リスナーは 40 ～ 60 歳代のおばさんが中心ですが，さまざまな背景を抱えるおばさんリスナー（おばさん的おじさんやおばさん的 JK も）からのメールを共有し励まし合い，時に率直な批判や意見をもらい，エネルギーチャージする……リモートの共同体です（時にリアルにも移行するらしい）。素敵なことに多くの若いリスナーが「年を取ることが楽しみになった」とコメントし，さまざまな大人の語りを窓口に自分の展望と可能性を広げているようです。親以外の先輩モデルを多く持つことは，次の 3 つめにもよい影響を与えます。

　3 つめは，親や家族の呪縛をうまく弔うこと，合法的「親殺し」のシミュレーションです。親との距離をうまくとる，あるいは，互いに嫌いになりすぎない工夫といえばマイルドかもしれません。『なぜ親はうるさいのか』というマンガエッセイの中で，著者の田房永子（2021）は過干渉で時に拒絶する母親の呪いとの戦いを描いています。親は強く上位にあって，子が勝つことは難しい。でも著者は，「人間みんなが生きていくためのシステム・社会通念（A 面）」は親が社会の代表者として子に押し付けざるを得ないことを理解しつつ，一方で「ゆるぎないもの・自然の摂理・さからえないもの・生理現象（B 面）」，いわば自分自身の心の声をちゃんと聞き取ってあげることの大事さに気づき，親との関わり方を工夫しました。その結果，B 面の声を聴いて母親に NO が言えるようになり，母親も「そうだよね，エイコちゃん（著者）の考えがあるもんね。この話はおしまいにするね」と。……これがずっと求めていた言葉だったといいます。

　また，『娘が母を殺すには？』（三宅，2024）では，数多くの文学やコミック，映画やドラマを辿り，母の規範による苦悩とそこからの解放を論じ，母や家族を相対化することを比喩的に「母殺し」と名付けています。そして，特に女性は意識的・無意識的に母のよい娘になろうとしがちであるため，自分の欲望を

優先する成功体験を大事にし，そのためにも他者との出会いを重ねていくことが重要であるといいます。

　私はどうだったかなあ……と振り返ると，自分のやりたいようにやってきたものの，母親にはそれなりに過干渉・支配的なところもあったように思います。人に紹介されるときに「この子は○○なのよ」と決めつけられたり，高校の三者面談で「○○したいのよね？」と勝手に代弁されたりしては（嫌だなあ）と思ったものです。それが，大学進学して下宿するようになった頃，ふと母が「あなたの考えてること，よくわかんなくなったわ」と。それを聞いて私はふっと気持ちが楽になりました。母からみて理解可能な分身＝身内と思われていたのが，理解不能な他者として距離を置いてもらえたことが心地よかったのだと思います。そこに至ると，心理的にも物理的にも子別れの作業を進める母の寂しさを感じましたし，今，自分が親になってみるとより共感できる気がします。老いを重ねれば子離れと同時に不安も募るだろうに，娘を手放す覚悟（諦め）をした母の潔さをかっこいいなと尊敬します。

　そんな母も80歳を超えてアルツハイマー型認知症を患い，身内の名前も顔もわかりづらくなりました。かろうじて朗らかでチグハグな会話はできるのですが，先日びっくりすることがありました。孫の結婚式の集合写真を見せたところ，結婚相手を指さして「……誰？」と。赤ちゃんが訳のわからない世界から重要な人を切り分けていくのとは逆に，区別がわからない世界に戻っていく彼女にとって，まだ少しだけ馴染みの人や風景が心の中に残っていて，わからない人に違和感を感じることができたのです。母の道はいずれ私の通る道です。母の姿は今も，私にとって最強のモデルです。

　子にとっての親や家族の機能とは，一体感や共通性をベースにひとまず準拠枠を与え，そこで生じるズレや反響を自身の世界構築に活かせるように提供すること，それが一例に過ぎないことを知るためにも子は親以外に多くのモデルを持つことが大切です。前の世代の親や親代わりの人々は，ひこばえを宿す倒木のように，泡を運んでいく河のように，葬られていくのが理想なのでしょう。

　「ゆく河の流れは絶えずして，しかももとの水にあらず。よどみに浮ぶうたかたは，かつ消え，かつ結びて，久しくとどまりたる例なし。世の中にある，人と栖と，またかくのごとし」（方丈記）

おさんぽ11　家族関係はなぜ難しい？　　151

　母の中で家族の記憶は分解され土に還り，私たち家族も河に浮かぶ泡のようです。誰しも泡になり1つの河の流れになります。自分の変化も家族の変化も，鴨川の流れを見ていると「そんなにこだわらなくてもいいのかも」と，寂しさとともに，ちょっと軽やかな気持ちで抱えられるようになるかもしれません。

虫の居どころ

　あなたは虫を飼っていますか？
　ダンゴムシやカブトムシではありません。あなたの心の中にいる虫，あるいはあなた自身が〇〇虫かという質問です。
　「本の虫」は読書にばかり熱中する人，「虫の居どころが悪い」といえば感情の動き，泣き虫や弱虫はちょっと困った性格……という風に，「虫」は人の心や行動を表すいろいろな顔をもった存在です。
　古くは子どもに起こるさまざまな病状を「虫」といったそうで，今でもお寺や神社では虫封じや虫出しの風習が残っています。比叡山麓・上高野にある三宅八幡宮は「虫八幡」とも呼ばれ，子どもの守り神として有名です。
　「疳（癇：かん）の虫」という言葉は最近あまり耳にしなくなりました。子どもが癇癪を起こし，あやしてもギャン泣きが収まらないときに「疳の虫が出た」などといいます。小さな子どもの心の緊張状態を指していて，本人的には不快や不安でどうにもならず「何とかして！」と訴えているのであり，ただただパニックになっている状態です。言葉の未熟さゆえ説明できないのはしかたないのですが，原因もわからず長時間やられてしまうと大人はグッタリ。なんて扱いにくいんだろう，なんでこんなに大人を苦しめるのだろうと腹立ちや敵意を感じたり，よその穏やかな赤ちゃんが羨ましくなったり，イライラしすぎて虐待寸止め……といった経験は，案外多いように思います。
　そんなとき疳の虫というフレーズはとても便利。虫はどの子にも宿り，自由自在に出たり入ったりする妖怪みたいなものです。いずれ成長とともに鎮まるだろうし，その繊細な感受性が創造的な感性や個性に転じるかもしれません。どの子にも潜むこの妖怪，子ども自身も戦っているからこそ大泣きしているわけで，やっかいなのはその子ではなく「妖怪＝虫」である……と思うと，一緒に虫退治がんばろか，虫と一緒に仲良く大きくなろうか……と視点が変わり，多少ストレスが軽くなるかもしれません。
　心理療法にも有名な「虫退治」の話があります（東，2019）。不登校で困っている小6のA君。両親とカウンセリングにやってきますが，カウンセラーはA君自身や親の関わり方に原因を求めたりせず，システムズアプローチという手法で治療を進めます。特定の個人に原因を求めて悪者探しをせずに，問題を集団のシステム全体と捉え解決

する家族療法の1つです。初回面接で，A君も家族も「学校に行けるようになりたい」と考えていることがわかりました。それでも行けないのは，何かしようとすると〈そんなんせんでもエエよ～〉〈今頃行ってもツラいよ～〉とたぶらかす「へんてこりんな虫＝なまけ虫」がA君の体に入るので，なまけ者に見えてしまうのだよ，とカウンセラーは説明します。そして，A君には虫に対抗する小さな目標を設定してもらい，家族全員になまけ虫退治の儀式を伝授します。家族を応援団として虫退治をする中で，家族間の関係性が変化していき，最終的には解決に向かっていく……というお話です。

　他人はもちろん，自分の心や行動さえもままならないもの。そんなとき「虫」がどこにいて何をしているのか，ちょっと離れて眺めてみましょう。攻略法が見つかったり，案外愛嬌があったり，痛ましかったり……愛おしい目線を向けられるようになるかもしれません。

　ちなみに，コミック『蟲師』は，異形の生命体「蟲」と人の世界を蟲師ギンコが旅をしながらつなぐ物語。人とムシとの関わりのイメージを深掘りしたい方にはお勧めです。
(伊藤一美)

三宅八幡宮の狛鳩▼

絵馬のようにスタイ（よだれかけ）が奉納されます▼

【文　　献】
東　豊（2019）．新版 セラピストの技法　日本評論社
漆原友紀（2000～2008）．蟲師（全10巻）　講談社

そもそも，カウンセリングって何するの？

酷暑の夏，こころちゃん一家は京都の奥座敷・貴船へと川床料理を食べに行きました。パワースポットが大好きなお姉ちゃんは貴船神社へ直行。水占いをしてから奥宮へ。「願うだけなら何でもありなんかな。ポジティブなことも，そうでないことも……」と考えていると，武藤先生が「カウンセリングというのも一手段ですよ」と話しかけてくれました。

貴船神社

▶本宮への参道

▲奥宮 本殿の下に龍穴

貴船神社は京都の水源を守る水神。「丑の年の丑の月の丑の日の丑の刻」に参ると心願成就するといわれ，縁結びなどさまざまな願掛けがなされます。平家物語に登場する「橋姫」は，ここで恋敵を呪う術を告げられ，宇治川に浸かって鬼となり，このことが「丑の刻参り」の起源となったそうです。祝いも呪いも成就するかどうかは別として，抱えきれない恨みや怒りといった感情を一定の場で吐き出すという意味では，カウンセリングに少し似ているのかもしれません。

おさんぽ12　そもそも，カウンセリングって何するの？　　155

こころ

この頃，考えこむことが多いので，カウンセリングを受けてみようかな。でも，名探偵みたいに言い当てられたら怖いし……カウンセリングって，どんな感じですか？

武藤翔太先生

カウンセリングは心の中がわからない"あなた"と"私"が出会い，言葉やアクションを通じて心の中を整理し，考え，見つけていく営みです。名探偵＝良いカウンセラー？？そこを一緒に考えてみましょう。

1　カウンセリングとはなにか

　カウンセリング。たしかにとても身近な言葉になってきていますし，何か悩むことや困っていることがあったら利用しようと思える時代になってきましたね。相談しようと思えたこと，それはとても大切なことです。誰かを頼るのは迷惑になるから，自分で解決できないのは自分が弱いから，などと相談を遠慮する人がとても多いのが日本の現状です（おそらくですが……）。なので，こころちゃんが相談してみようと思ってくれたことは心理士（師）としては嬉しく感じることでもあります。

　さて，こころちゃんの学校でもきっと，カウンセリングを受けられる場所についてたくさん説明があったかと思います。たくさんある相談先をコンパクトにまとめたお便り，配られていませんか？　最近ではSNS（ソーシャル・ネットワーク・サービス）を利用したカウンセリングもありますよね。ただ，実は〇〇カウンセリングと一口に行っても，たくさんの種類が挙げられます。化粧品のカウンセリング，美容整形のカウンセリング，旅行ツアー会社のカウンセリング，スポーツジムでのトレーナーからのカウンセリング，就職活動のための大学内にあるキャリアセンターでのカウンセリングなど……挙げればきりがありません。これらのことが表しているように，指導（ガイダンス），助言（アドバイス）をするために，カウンセリングという言葉が使われるようになっています。カウンセリングという言葉も，実は1908年にアメリカでボストン職業

局というものが創設されたときに，小中学校で卒業後の職業への適応を改善するために行った「職業指導運動」が始まりであるとされています（田畑, 1978）。

　ただ，こころちゃんが受けようと思われたのは"心と体の問題／悩み"に関する相談をするカウンセリングですね。このカウンセリングに関しては他にも近しい呼び方として精神療法とか心理療法，心理面接，心理学的支援，サイコセラピー……などさまざまな呼び方があります。呼び方が違うのは，その実施する人がお医者さんか心理士（師）であるかどうか，対象者の方の疾患や障害の程度が日常生活に大きな支障をきたしているかどうか，その人の暮らしているところに出向いて行うか，他の職種の人たち（医師，看護師，精神保健福祉士，作業療法士，理学療法士など）と協力してその人の心と体の問題／悩みに取り組むか，その人の一部である心の病（精神疾患）について行うものかどうか，などの内容の違いによって呼び方が変わります（※諸説あります。区別しないで使っている人たちもいたりします）。

　カウンセリングについて，日本カウンセリング学会という団体のホームページには「ご承知のとおり，カウンセリングは心理療法と共有する側面もありますが，そのウエイトは個人・集団・組織の成長発展と問題発生の予防にあると考えられます。それゆえ現今は産業，教育，福祉，司法，厚生，医療等の各分野に広く用いられ，ますます重要性が認識されてきています」と書かれています。心理療法，つまりは医学的に悪いところを治す／取り除くというものでは決してなく，比較的心身ともに健康的な人たちの成長発展（より良い生き方を見つける，やりたいことをできるようにする，など)，問題が起きてからの介入よりも問題発生することの予防，この2点が大切な部分になります。なお，厚生労働省のホームページではカウンセリングを受けると良い点については「話をしっかり聞いてもらえる，自分の考え方のくせや意外な長所に気づくことができる，今抱えている問題を整理できる，考え方を今の状況に適したものに切り換えられる，人とうまくつきあうための自分なりの方法を見つけられる，人として成長できる」ことを挙げています（良いのか悪いのか，悪い点，は書かれていません）。

2 カウンセリングを受けるには

　少し脱線しました。先ほどの難しい話は心理学に興味を持って，大学に入ってから勉強してくることなので，今は忘れてかまいません。ごめんなさい。

　きっとこころちゃんが受けようと思われたのはカウンセラー（カウンセリングを担当する人）に相談をするものですよね。なので，こころちゃんがイメージしているカウンセリングは以下の要素を含んだ相談になります。

①定期的に決められた頻度と時間（週1回，2週に1回，1月に1回／30分，50分，1時間など）に行う

②決められた場所（こころちゃんとカウンセラー以外の人がその時間に入ってこない場所）で行う

③こころちゃんが抱えていて，自分では解決しきれない部分が多い心と体の問題／悩みについて相談する

④こころちゃんとカウンセラーで話し合ったり，あるいは一緒に何か作ったりときには遊んだりしながら進める

⑤話したことは，こころちゃんの許可がない限り誰にも漏れることがない（※専門的には守秘義務といいます。ただもし，こころちゃんの心と体に危険がおよぶ状況になった場合は関係者に共有されることもありますが……）

　何について考えこまれているのかにもよりますが，こころちゃんでしたら学校の中にいらっしゃるスクールカウンセラーの先生が一番身近なカウンセラーでしょう。学校で配られるお便りの中に相談の仕方が書かれているものがあると思います。カウンセリング，とまではいかなくても担任の先生や保健室の先生（養護教諭）も相談に乗ってくれると思います。あるいは近所の心療内科や精神科を標ぼうしている病院やクリニックでカウンセリングルームを併設しているところでしたら，主治医の先生が必要と判断した場合，自費で受けることができます（いわゆる，保険点数が取れないために，全額自己負担の自費になります。中には診察の料金の中にカウンセリング代金を含んでくれるところも

ありますが，決してその数は多くはないかもしれません）。他にも臨床心理士と公認心理師を育成している大学では付属の相談施設を設けているので，そこでカウンセリングを受けることもできます。ただこちらの場合はあくまでも臨床心理士や公認心理師を目指す大学院生，つまり大学4年間を卒業した後に追加で大学院というところで2年間勉強と実習をする学生さんのためのトレーニング機関です。なので，大学院生の人たちが担当する可能性が高いです。つまり，無資格者だけれども大学院の先生の指導を受けながら，大学院生の人たちが熱心に話を聞いてくれるところです。余談ですが，料金は安めです。そして，とても熱心に話を聞いてくれます（大事なところなので，2回言いました）。

と，色々なところでカウンセリングを受けることはできます。またカウンセリング，というわけではないですが，自分だけでなく周りの人も含めて，心の病気（精神疾患）が心配な場合はお住まいの自治体の保健所，保健センター，精神保健福祉センターなどで相談に乗ってもらうこともできます。

3　カウンセラーは名探偵？

さて，話を戻しますがそもそも，こころちゃんはカウンセリングを受けてみようかと思う，ただ心を名探偵のように言い当てられることが怖い感じがするんですよね。たしかに名探偵はフィクションの中にたくさんいます。真実はいつも1つ，と真実を言い当てる名探偵。祖父の名探偵の名にかけて真実を言い当てる名探偵。「うちのカミさんがね」を常套句に真実を見抜く警部。すれ違った見ず知らずの男たちの「九マイルもの道を歩くのは容易じゃない，ましてや雨の中となるとなおさらだ」という会話だけから遠く離れた地で起きた重大な事件を言い当てる大学教授（Kemelman, 1967）。街を一緒に歩いている知人の歩き方やアクシデントに対する反応，「石切りの術（ステレオトミー）」というつぶやき，オリオン座の大星雲を見つめた後の表情や姿勢から，何も会話していないのにもかかわらず，その知人が「先日，芝居好きが高じて悲劇の主役を演じ，散々揶揄されてしまった靴直しの職人のシャンティティ」のことを考えていたことを言い当てる名探偵（Poe, 1841）。こういう名探偵たちのことを考えると，ちょっとした言葉の表現や反応から心の中を言い当てられる方は怖く

なって当たり前ですよね。私も怖いですし，少なくとも私はそんな人には相談したくありません。仮に言い当てられたとしても，それでどうしたらいいのかを考えてもらえないとがっかりすることがあるかもしれないですし，無遠慮に自分が気にしているところを言い当てられたら，カチンときます。

ただ，心配ないです。名探偵みたいなカウンセラーはいません。例えば，臨床心理士や公認心理師という心理学の専門家の資格を持っているカウンセラーたちは名探偵でない代わりに，相手の話を丁寧に聴き，話しやすくしてくれる（あるいは，話せなくても居心地がよくなるようにしてくれる）雰囲気づくりの専門的なトレーニングを受けていますし，気持ちや考えを安心して整理する時間と場所を提供してくれます。そして，もっと言うと，「わかること」よりも「わからないこと」を一緒に見つけ出して，「わからないこと」をこころちゃんの納得いくところまで一緒に考えてくれる人がカウンセラーです。

とは言っても，ピンとこないと思います。え，この人何言ってんだ，と思いますよね（こういうところは私でも言い当てられます）。

そもそも，人の心について考えてみてください。これはとても不思議な概念です。というのも，心は確かにあるけれども正確無比にリアルタイムに計測することやその動きを予想することができないものです。さらに，文学的な表現を除きますが，見ることも触ることもできないものです。100 年以上かけて多くの研究者が実験や研究を重ねてきても，脳や内臓の画像やそれらの活動などを計測できるようになっても，いまだにわからないものです。なので，数々の有名なお医者さんたちや心理学者たち，哲学者たちなどそれぞれの心の定義（心＝○○，という考え）をしました。そして，その定義に基づいてさまざまなカウンセリングのやり方が生まれ続けてきています。さまざまな心理療法の技法を用いることによる違い，なのだと考えても差支えはありません。ちなみに，公認心理師の現任者講習会というもので使われたテキストにはすべてを網羅している訳ではないのですが，心理療法の種類については表 12-1 のように簡潔にまとめられています。

実は，この表の中にある心理療法の一つひとつ。それらの中でもさまざまなやり方があります。なので，厳密に分けていくと 200，いや 300 を軽く超えるくらいのやり方が存在していることになります。これらについて本格的に学び

160

表 12-1　心理療法の代表的な諸学派
(一般財団法人日本心理研修センター, 2019 に基づき作成)

心理力動的	人間性主義的・体験的心理療法	認知行動論的心理療法	システム論的心理療法	その他の心理療法
心理療法 催眠療法 精神分析 　自我心理学派 　対象関係学派 　自己心理学派 　対人関係学派 分析心理学（ユング派） 個人心理学（アドラー派） 心理力動的心理療法 プロセス指向心理学 短期力動療法 加速化体験力動療法 メンタライゼーション療法	来談者中心療法 ゲシュタルト療法 フォーカシング エモーション・フォーカスト・セラピー（感情焦点化療法） 実存的心理療法	認知行動療法 行動療法 認知療法 論理情動行動療法 弁証法的行動療法 アクセプタンス＆コミットメント・セラピー 機能分析心理療法 マインドフルネス認知療法 コンパッション・フォーカスト・セラピー	家族療法 システムズ・アプローチ 解決志向アプローチ ナラティブ療法 ブリーフセラピー	動機づけ面接法 対人関係療法 森田療法 臨床動作法 多文化間療法 ジェンダー・センシティブ療法 統合的心理療法

たい場合は大学・大学院で学びきることはできませんので、臨床心理士や公認心理師の資格を取ってから専門的な研修を受けて生涯にわたって研鑽していくことになります。

　じゃあ、どれが一番いいカウンセリングのやり方なの？　とこころちゃんは気になりませんか？　私は気になります。ただ、こればかりはケースバイケース、向き不向きがカウンセリングを受ける人側にあり、カウンセラーにも同様に向き不向きがあります。カウンセラー側の事情を言うと、そもそもすべてのやり方ができればいいのですが、すでに述べたように膨大にあるので、現実的に不可能となります。このことは専門家間でも議論が続いており（例えば、杉原（2020）、三田村・谷（2022）など）、やり方の違いで表される特定要因（specific factors）、カウンセリングを受ける人とカウンセラー間の人間関係やカウンセラー側の要因など、すべての心理療法にも共通している共通要因（common factors）のどちらの影響が大きいのか、まだ結論は出ていません（なんにせよ、現場では両方大切だよね、とは思いますが）。ちなみに、共通要因についてはローゼンツヴァイグ（Rosenzweig, 1936）という人が指摘してから検討され続けており、その論文の副題にイギリスの童話作家ルイス・キャロルが書いた『不思

議の国のアリス』の中に出てくるドードー鳥のセリフ「みんな勝ったんだ，だから全員がごほうびをもらわなくちゃ」を引用していることから「ドードー鳥評定」と呼ばれています。余談ですが，『不思議の国のアリス』の登場人物は実際にモデルがいることが多く，ドードーはルイス・キャロル自身がモデルであるという説もあります。オックスフォード大学で数学を教えていたルイス・キャロル。彼がなぜ，こんななぞなぞとユーモアにあふれたお話を作ったのか，調べてみると色々発見があるかもしれません。

　と，すみません。また脱線しました。話を戻しますね。寄り道ばかりですみません。

　ということでカウンセリングでは心，というその実態がよくわからないものを扱うことになります。そして，そのためさまざまなやり方があり，相談に来た人のニーズに合わせて行っていくものになります。何にせよ，相談に来た人の話をよく聞かず，カウンセリングの目的やある程度の見通しなどを説明・共有せずに，自分の得意なやり方で押し進めようとするカウンセラーがもしもいたら他の相談先を探した方がいいかもしれません。確率論的に考えてもらえばわかると思いますが，カウンセラーの得意なやり方に合致する人と出会う確率が決して高くないからです。誠実なカウンセラーでしたら，他の適した相談先を紹介してくれたり，探したりしてくれます。

4　実際のカウンセリングの流れ

　と，ページ数も後半になってきましたので，ここで架空のカウンセリング例を出していきましょう。悩める中学生 A さん（女性）とそのカウンセリングを担当することになった B さん（女性）に登場してもらい，その実際を仮体験してみましょう。

　B さんは週に 1 回，公立の C 中学校に来ているスクールカウンセラー，27 歳。大学院を修了してから 3 年目のまだまだ新人に近い人です。この学校以外にもあと 1 校公立の D 中学校に週 1 でスクールカウンセラーをしていて，他に週に 2,3 日は心療内科・精神科の E クリニックで心理検査を取る仕事をしています。お給料は同年代の平均よりも下回っており生活は決して豊かではなく，

同年代の公務員や企業勤めの人たちの生活をうらやましく思っています。そんなBさん，同年代の結婚ラッシュに焦りと不安を感じ前日お酒を飲み過ぎて，少しの気持ち悪さと昨日の自分へのささやかな恨みを抱えて出勤します。今日から10月，秋になるな，と電車の窓から見える風景を眺めます。

　C中学校に出勤したところ，養護教諭の先生から今日初めて相談に来る2年生のAさんについて "担任の先生に無理やり予約を取らされたみたいです。2学期になってから授業中に急に涙を流すことが何回かあって。何か悩みがあるみたいなんですけど，誰にも話してくれなくて，私たちも対応に困っていて" と情報共有を受けます。そのまま朝の職員会議が始まり，終わったところで担任の先生から "Aさんにはカウンセラーの先生に思っていることをちゃんと話すように，って厳しく伝えておきましたから" と伝えられます。

　そして，時間になったところでカウンセリングルームにノックの音が響きます。以下，その時々のAさんの心の声は『』，Bさんの心の声は《》で書いていきます。

（ノックの音）

Bさん：どうぞ《Aさん，担任の先生に言われて嫌々来てるんだろうな》

Aさん：すみません，予約したAです。『今日1回だけ，無難に乗り切るか』

Bさん：カウンセラーのBです。はじめまして。どうぞ，そちらのソファにおかけください《ん？　笑顔で明るい雰囲気……。ただなんか，ちぐはぐだな。貼り付けて取りつくろっているような……》

Aさん：（ソファに座り）今日はお時間ありがとうございます。担任の先生に言われて，急に予約を取って失礼しました。保健室の先生も担任の先生も心配性というか……。カウンセリングで話したことはここだけの話になるんですよね？『色々聞かれるのも嫌だし，話させないようにこっちのペースで話すかな，いつもみたいに』

Bさん：そうですね，基本的には。ただ，Aさんや誰かに危険が迫るような状況の場合は安全を最優先して，他の人に共有することもあります。《なんか，話のペースを握ろうとしている？　なんでだろう？》

Aさん：あ，はい。それは聞いてます，問題ないです。それで，今日なん

おさんぽ12　そもそも，カウンセリングって何するの？　163

ですけど実は勉強の悩みがあって，2学期になってから，数学が特に苦手で。塾にも通っているのに，このまま受験は大丈夫なのかな，って不安になって。でも，数学の先生も担任の先生にも相談したところで解決しない，自分の問題だと私は考えていて。『無難な話だし，これも嘘ではないし，ごまかせるだろう』

Bさん：あぁ，2学期になって，数学ができなくなって。それで受験のことも考えて不安に。《ん？　それで授業中にいきなり涙を流すのか？　そもそも，そういう悩みだったら養護教諭の先生や担任の先生に相談してもいい気もするけど……。どういうことだ？　えっと，Aさんは父子家庭で親御さんが離婚されたのが去年の冬，お母さんからの暴言がひどくて，お父さんに引き取られて……》

Aさん：はい，そうなんです。だから，自分の問題は自分で解決しないといけないですし，恥ずかしくて黙ってたら，いつの間にか大事になっていて。保健室の先生も担任の先生も深刻になっちゃって。どうしようかな，って。『最初，保健室で何かあったの，って聞かれた時は本当に危なかった。焦ってうっかり言いそうになったけど，あいつ（父）にばれたら大変なことになるし……』

Bさん：周りが大げさにしてしまった感じがあると？《んー……先生たちの様子や話からして，そんなわけではないような》

Aさん：はい。なので，今日はお時間をとってしまい，申し訳ないです。『よし，これでいいだろう』

Bさん：いえいえ……んー，Aさんとしては勉強の問題だから，もう自分で解決できる，と。ただ，大事になって引っ込みがつかなくなった，から今日は一応，予約した通りに来た，ということ？《話をなんで打ち切ろうとするんだろう。そもそも，なんか，用意したセリフを言っているような気がする……。うーん，まいったな，よくわからない。でも，予約した通りに来ている，ということは真面目なのか，それともやっぱり何か他に困っていることがあるのか……》

Aさん：はい，その通りです。受験はまだ先のことですし，できるだけちゃんとした高校に行って，ちゃんとした大学に入って，しっかりとした資

格や技術を身に着けたうえで働きたいって思ってるんです。今からこんなことで不安になったらおかしいですよね。すみません。『そう言ってるだろ，早く終わりにしろよ。……それにしても，なんでお母さんのことを考えるとこんな苦しい気持ちになるんだろう』

Bさん：……ん？　ちゃんとした，というのはどういうこと？《ん？　いきなり話が飛躍した？　なんでだ？　ちゃんと，がキーワード？》

Aさん：ちゃんとは，ちゃんとです。先生も知ってますよね，私の母のこと。私，ああはなりたくないんです。『しまった，いつも思っていることを言ってしまった』

Bさん：昨年離婚されて，暴言があった，ということは聞いているけど，ああはなりたくない，というのは？《お母さんの話に変わったけど……聞いてもいいのだろうか。うーん……お母さんと何かあったとか？　いや，でもそんな安直な？　ただ，表情が変わったし，口調も吐き捨てるような感じが……》

Aさん：子どもに暴言吐くっておかしいですよね？　そういうことです。だから勉強をがんばりたいんです。『危ない，また涙が出そう。もう話を替えないと。これは私とお母さんの問題だから……切り替えろ，切り替えろ』

Bさん：許されないことをお母さんはしたと思います。Aさんは，そんなお母さんみたいになりたくないから，受験に向けて，今からプレッシャーがあるんですかね？《勉強をすれば暴言は吐かなくなるのか？　ん？　なんで？　どういう基準の話？　ダメだ，全然わからない。体調をもっと整えて，事前に色々先生たちからもAさんの背景を確認しておけばよかったな……》

Aさん：その通りです。『もういいだろう，早く帰らせてよ。ダメだ，どうしても泣きたくなる，なんで？　別に夏休みにお母さんに会ったからって，ただそれだけなのに，なんでこんな泣きたくなるんだろう……』

　と，このまま書いていてはページ数が足りなくなるので，冒頭開始3分程度のやり取り，ここまでにします。実際の言葉よりも心の中の声の方が明らかに

多かったですよね。ぱっと見ではわからないのが、心の動きです（顔で笑って、心で泣く、という表現もありますよね）。そして、実際の言葉では“わかる”部分のやり取りが多くされていましたが、心の声の部分では“わからない”部分がどんどん増えていきます。この“わからない”部分を明らかにしていき、扱いながらカウンセリングは進んでいきます。勉強の悩みも嘘ではありません、ただ他にも色々と悩みがあることもこころちゃんには伝わったかと思います。

　この後、このカウンセリングは定期的に、Ａさんが中学校を卒業するまで続きました。Ａさんは小さいころからお母さんととても仲が良く、ケンカもしょっちゅうでケンカする度に仲直りを繰り返していました。そんなとき、児童虐待の通報先である184番（イチハヤクで覚えてください。児童虐待の疑いがある場合に通報する緊急ダイヤルです）で誰かに通報されて、Ａさんがしていたつもりのケンカが実は児童虐待の範囲である、という現実を突きつけられます。そして、今年の夏休みにショッピングモールに出かけた際にたまたまお母さんと出くわし、一言“お母さんみたいな大人にならないように、がんばってね”と涙ながらに伝えられ、自分でもよくわからない気持ちと感情に襲われるようになった、という状況でした。

　ＡさんはカウンセラーのＢさんとはカウンセリングで色々な気持ちの整理をし、時々一緒に絵を描いたり雑談したりしながら、お母さんとの生活を壊した通報した人への恨みがあること、そして、その恨みを持つことが間違っていることもわかっている葛藤、お父さんとの生活が不本意であり早く独り立ちしたいと考えていること、“ちゃんとした”大人になってお母さんと一緒に暮らしたい気持ちがあること、などに気づいていきます。そして、卒業前にはお母さんとの生活を諦めること、自分のやりたいことをまずは見つけることが大切である、と自ら区切りをつけてカウンセリングは終了となりました。Ｂさんもカウンセリングのやり取りを通して、Ａさんに伝えることはないものの、結婚の話題や収入の低さなどの話題が出ると劣等感が触発されること、自身も母親へのさまざまな未解決な気持ちがあることなどに気がつき、スーパーヴィジョン（ベテランのカウンセラーが指導をすることです）を受けて、カウンセラーとして成長していく機会となったのでした。

　と、こんな風にカウンセリングは始まり、終わります。終わり方はさまざ

です。最初から回数を設定することもありますが、生活上の都合（引っ越し、卒業、転職など）で終わらざるを得ない場合もあったりします。数か月で終わることもあれば何十年と続ける方もいたりします。長くなるケースは相談内容が深刻で一朝一夕では解決できないようなものであることもあれば、相談者がカウンセリングの時間を生活の一部と感じて受け続けたり、健康診断のように半年に1回、1年に1回とか定期的に受け続けることで"心のメンテナンス"をする人もいたり、本当にさまざまです。短ければいい、長ければ悪い、というものでもないです。

さて、話もあちこち寄り道しましたが、こころちゃんにとって、1つの参考になったら幸いです。「百聞は一見に如かず、百見は一考に如かず、百考は一行に如かず（以下、まだ表現は続きますが、興味があったら調べてみてください）」、今回私に質問してくれたように、カウンセリングをよかったら利用されてみてください。なお、私にこの場でお願いする場合は実費請求になるので、高額になります。お勧めしません。

"科学的"じゃない投映法は消えるべき？

「あの雲、ソフトクリームみたい。市民プールで食べるとおいしいよね」、「あそこ歩いているメガネの人。銀縁メガネでなんか真面目な銀行員みたいなのに、ピアスつけていて、変な感じ」。そのもの・人でなくても、なんとなく見えるものから昔の記憶や体験を思い出したり、"こんな風だから、こうに違いない"と少しの特徴からそのもの・人を自分の経験に基づいて判断してしまうこと、ありませんか？

こういう現象を「投映（projection）」といいます。読んで字のごとく、自分の心の中のイメージを外に映し出し、あたかもそのように捉えてしまうことを指します。

この投映を利用したパーソナリティ検査として「投映法」（アメリカではパフォーマンスベースド検査と呼ぶこともあります）というジャンルがあります。これはフランク（Frank, 1939）という人が総称で使い始めた表現で、ざっくりまとめるとその人の心の中、すなわち私的世界（private world）を明らかにするために、文化・社会の影響から離れた個人の反応様式が表れる場（culture-free field ※人からの評価や自分の立場などを気にせず伸び伸び自己表現できる場、ということです）を用意してそこでの反応を分析し、数々の特徴を包含しつつ統合体として生きている個人（living total personality）を明らかにするパーソナリティ研究法であるとしています。人それぞれ、

他の人と全く同じ反応を示すことがない曖昧な刺激に対して正解／不正解もない中，どのような反応をするかということから，その人のパーソナリティの特徴を見いだそうとするものです。曖昧な模様の図版を見てそれが何に見えるか答えてもらうロールシャッハ・テスト，何枚かの絵を見て，その絵のお話を考えてもらう絵画統覚検査（Thematic Apperception Test：TAT），絵を描いてもらう描画法，さまざまな刺激文（文章の始まり）だけ書いてありその続きを書いてもらう文章完成法（Sentence Completion Test：SCT）などが有名です。質問紙やインタビューでは答えることができない，その人の考え方や物事の捉え方のクセ，観察できない心の状態などを明らかにする特徴があります。

　そんな投映法ですが，1960年代から始まったいわゆる"投映法の危機"と呼ばれる時代に直面します。ハーツ（Hertz, 1970）によると，投映法そのものの基礎的な理論や仮説，その方法，さらには研究自体も不適切なものが多く信頼性に欠けているという指摘や，そもそも投映法自体が「there is no need for their being」（筆者訳：存在する必要がない）とみなす意見が中心となっていたそうです。このことは統計学的な問題（実施者の違いによる解釈結果の一致しづらさ，結果がその人のパーソナリティを表している根拠が明示できない，など）を中心に今も議論が続いています。国によっては投映法を心理士のカリキュラムで学ばないところもあります。

　ただ，投映法により本人が意識できない特徴を明らかにすることが（常にではないにせよ）あることは事実でもあります。統計学的にその根拠を示しにくい部分が多い（示せる部分もあります）検査ではありますが，それでは本当に役に立たないことになるのでしょうか。少し飛躍した例えですが，統計学的に根拠を示しにくいという意味では，哲学や文学，歴史学，芸術学なども同様に援助では役に立たないことになりますが，実際には大きな成果をあげています。その人を援助するためには極論にならず，柔軟に様々な方法を用いることが求められます。言葉で語れることや目に見えるものだけではできないのが，心の援助です。（武藤翔太）

【文　　献】
Frank, L. K.（1939）. Projective methods for the study of personality. *Journal of Psychology*, 8, 389-413.
Hertz, M. R.（1970）. Projective Techniques in Crisis. *Journal of projective Techniques and Personality Assessment*, 34(6), 449-467.

自分の将来にどう向き合うか?

小春日和の午後、こころちゃんはコロ助と鴨川デルタを散歩しながら、のんびり音楽を聴いていました。2つの川が合流する水面を眺めながら「船でこの先を下って行ったら、どこに着くのかな……?」と考えていたら、「京都を出て大阪の街を抜けて、ユニバ近くまで行けるんですよ」と尾崎先生。こころちゃんはびっくりして「へぇー」と思わず声が出ました。

鴨川デルタ

▼左が賀茂川 右が高野川

▲亀と千鳥の飛び石

京都市内を南北に流れる鴨川の起点は「鴨川デルタ」。北西からの賀茂川と北東からの高野川が合流する三角州で、ドラマや映画のロケ地としてもよく使われるスポットです。亀や千鳥の飛び石で川を渡ることもでき、学生や家族連れがのんびり過ごす光景も見られます。
デルタから12kmほど下ると桂川と合流、さらに大阪府との境界で木津川・宇治川と合流して淀川になり、大阪市街を抜けて大阪湾へ。川の名前も両岸の風景も変わっていきますが、北山を源流とする一滴は確実に太平洋へと運ばれていきます。

おさんぽ 13　自分の将来にどう向き合うか？　169

こころ

「何になりたいの？」と聞かれると，将来やってみたいことは一応あるけど，本当にやりたいことなのかどうかわからないし，自分に何が向いているかもわかりません。どんな風に向き合っていけばよいのでしょうか？

尾崎仁美
先生

若者にとって進路の悩みは大問題です。将来のイメージや捉え方は人によってさまざまで時代によっても変わります。変化の目まぐるしい現代では，なおのこと苦労があるかもしれませんね。データやキャリアに関する理論を見ながら，考えるヒントを見つけていきましょう。

1　将来について悩むということ

　みなさんには，今悩んでいることがありますか？　私が担当する授業で大学生にこのように問いかけると，毎年，受講生の7〜9割は悩んでいることが「ある」と回答されます。続いて，どのようなことで悩んでいるかを尋ねると，最も多く挙げられるのは，進路や将来のことです（図 13-1）。
　回答者の多くは大学2，3年生ですが，こころちゃんと同じように，将来や

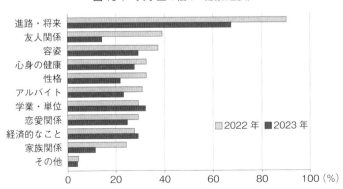
図 13-1　大学生の悩み（複数選択）

りたいことがわからない，見つからない，と悩む人はたくさんいることが分かります。中学・高校生や大学生の時期には，進路選択や職業選択等，人生の中でも特に自分の将来への見通しをもって行動することが求められる場面に多く遭遇します。エリクソン（Erikson, 1959）がライフサイクル論において，青年期を「**アイデンティティ　対　アイデンティティ拡散**」の葛藤が生じる時期として位置づけたように，自分は何者なのか，人生においてやりたいことは何なのか，どのように生きていけばいいのか，青年期はこのような問いを探求する時期でもあります。

　将来のことが見えずに悩んでいる状態は，一見するとネガティブなことのように見えますが，この時期に進路や将来について悩むということは決しておかしなことではありません。それだけ将来のことが自身にとって重要なこととして認識されているともいえます。この時期に自身のあり方をじっくりと問い直し，進路に向けた意思決定を行うことは，今後の人生を考える上でも大切な作業といえるでしょう。

2　大学生がもつ将来の見通し

　大学生は，自身の将来について，どのように考えているのでしょうか。尾崎（2001）では，大学生 1,126 名を対象に「将来こういうふうでありたい」という将来の見通しをもっているかどうかを尋ねた結果，約 73％の人が「はい」と回答しました。次に，将来の見通しをもっていると回答した人に，見通しについて考えている内容をできるだけ詳しく記述してもらい，その内容を分類しました（表 13-1）。集計の結果，最も多かったのは，「○○になりたい」等，具体的職業を挙げた人でした。大きく差は開きますが，次いで多かったのが結婚や子ども・家庭に関する記述であることからも，大学生がもつ将来の見通しは，職業や結婚・家庭生活など，**ライフコース**に関わることが多くを占めていることがうかがえます。一方で，思いやりのある人になりたい，自分自身をしっかりもった人になりたいなど，内面の豊かさを挙げた人や，筋の通った生き方をするというような人生観等，抽象的な記述も見られます。一口に将来の見通しといっても，短期間で実現できるものから長期にわたるもの，具体的なものか

おさんぽ13　自分の将来にどう向き合うか？　　171

表 13-1　大学生が記述した将来の見通し（n=820）（尾崎，2001 に基づき作成）

カテゴリー	記述例	度数	％
仕事（具体的職業）	弁護士になる・カウンセラーになりたい	636	(77.6)
仕事（内容は不明）	好きな仕事に就きたい・具体的な職業はまだわからないがとりあえず就職したい	107	(13.0)
結婚	結婚したい・結婚は 20 代半ばにしたい	158	(19.3)
子ども・家庭	子どもを産みたい・幸せな家庭を築きたい	133	(16.2)
結婚後のライフスタイル	結婚後も仕事を続けていきたい・専業主婦になりたい	52	(6.3)
大学卒業	大学を卒業したい・優秀な成績で大学を卒業	18	(2.2)
大学院進学	卒業後は大学院に進学したい・大学院に進んで心理学を勉強したい	71	(8.7)
留学・編入学	アメリカに留学して英語を勉強する・心理学系のある大学へ編入する	32	(3.9)
資格・検定	司書資格をとる・役立つ資格を取りたい	27	(3.3)
興味・関心	芸術関係の勉強をする・障害児のことを学びたい	23	(2.8)
余暇・趣味	海外旅行に行きたい・本を読むなど趣味の時間が欲しい	36	(4.4)
生活様式・環境	外国に定住したい・庭付きの一戸建てに住みたい	55	(6.7)
お金	お金持ちになりたい・お金を貯める	12	(1.5)
老後	老後は夫婦でゆっくりと過ごしたい・老後は穏やかに暮らしたい	28	(3.4)
内面の豊かさ	自分自身をしっかりもった人間になりたい・思いやりのある人になりたい	78	(9.5)
生活感情	充実した生活を送りたい・幸せになりたい	24	(2.9)
人生観	筋の通った生き方をする・「死」を見つめる生き方をする	39	(4.8)
その他	ずっと学生でいたい・字が上手になりたい等，上記に当てはまらないもの	30	(3.7)

注）1 人の記述が複数にカテゴライズされている。

ら抽象的なものなど，さまざまなものがあることがわかります。

　尾崎（2001）では，現在の充実感と将来の見通しの内容との関連についても検討していますが，見通しの具体性と現在の充実感との間に明確な関連は見られませんでした。目指したい職業が明確に決まっている場合でも実現に向けて不安を抱く場合もあるでしょうし，具体的な職業は見つかっていなくとも「こういう人間になりたい」「こういう生き方がしたい」という価値観や信念をしっかりもって生きている人もいるでしょう。将来の見通しの具体性がポジティブな生活感情に結びつくとは限らないことがわかりました。

　また，将来の見通しと現在の充実感との関連についても検討したところ，将来の見通しの有無だけでなく，見通しの実現に向けて現在何をすべきかを理解し実行できているかどうか，自己との関わりの中で将来の見通しが肯定的に位置づけられているかどうかによって，現在の充実感が異なることが示されました。つまり，将来の見通しをもっていても，実現に向けての理解・実行が伴っていなければ現在の充実感は感じられず，逆に見通しをもっていなくても，そのことが個人の中で重要視されていない場合には充実感は低くなりませんでした。これらを踏まえると，見通しが持てているかどうかよりも，将来の見通しについて自分がどう捉え，どう行動しているかという点が重要であることがわかります。

3　希望するライフコース・職業観の時代的変化

　前節では，同じ大学生でも将来の見通しとして描かれる内容や捉え方が多様であることがわかりましたが，将来に対する考え方は，時代によっても変化します。

　国立社会保障・人口問題研究所が実施している「出生動向基本調査」では，18 〜 34 歳の独身男女を対象とし，女性には理想のライフコースと予定のライフコース，男性にはパートナーに希望するライフコースを尋ねています。2021年に実施された調査結果では，「両立コース」（結婚し，子どもを持つが，仕事も続ける）が，「再就職コース」（結婚し子どもを持つが，結婚あるいは出産の機会にいったん退職し，子育て後に再び仕事を持つ）を上回り，男女双方で最も多い結果となりました（図 13-2, 13-3）。また，「再就職コース」と「専業主

図 13-2 独身女性の理想のライフコース

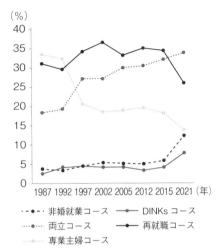

図 13-3 独身男性がパートナーに望むライフコース

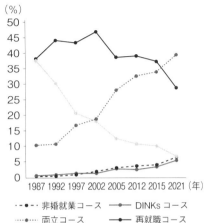

いずれも国立社会保障・人口問題研究所（2023）に基づき作成

婦コース」（結婚し子どもを持ち，結婚あるいは出産の機会に退職し，その後は仕事を持たない）は男女とも減少した一方，「非婚就業コース」（結婚せず，仕事を続ける）や「DINKs コース」（結婚するが子どもは持たず，仕事を続ける）を理想とする人も増加したことが読み取れます。私が担当する授業の受講生においても同様の傾向がみられ，ここ数年の回答では，「非婚就業コース」と「両立コース」を希望する人が増加し，「専業主婦コース」を希望する人が減少する傾向にあります。

このように，理想とするライフコースには時代とともに変化がみられ，30年前と比較すると，仕事を継続することを希望する女性が増えていること，男性もまたパートナーに対して仕事を継続することを求める人が増えている傾向が読み取れます。

また，マイナビキャリアリサーチ Lab が行った「大学生就職意識調査」の結果（綿貫，2021）によると，2000 年から 2021 年の約 20 年間で「楽しく働きたい」，「個人の生活と仕事を両立させたい」という回答が上位であることに変わりはありませんが，「人のためになる仕事をしたい」は 8.4%（5 位）から 15.2%（3 位）

に増加，「社会に貢献したい」も 3.3%（6 位）から 6.1%（5 位）に増加しています。また，企業選択のポイントを尋ねた結果，2000 年では「自分のやりたい仕事（職種）ができる会社」（48.2%）が最も多く，以下「働きがいのある会社」（21.0%），「安定している会社」（18.4%）と続いていましたが，2021 年では「安定している会社」（42.8%）が 1 位となり，以下「自分のやりたい仕事（職種）ができる会社」（34.6%），「給料のよい会社」（17.5%）の順になっています。こうした変化の背景には，日本社会の経済状況や災害，感染症拡大など社会状況の影響も考えられます。また，このような世代による仕事・結婚への意識や価値観の違いは，青年にとって，将来を考える際のロールモデルの得られにくさ，モデルとなる大人との出会いにくさという問題にもつながります。

4　キャリア探索

　こころちゃんは，「将来やりたいことがわからない」「自分に何が向いているのかわからない」と悩んでいますが，将来のことにどのように向き合っていけばよいのでしょうか。自分自身や仕事のことなど，キャリアにかかわる情報を収集し理解を深めることを**「キャリア探索」**といいます。安達（2010）では，キャリア探索は，「自己探索」「情報収集」「他者から学ぶ」という 3 つの側面から捉えられています。「自己探索」とは自分の長所や短所，得意・不得意なこと，過去を振り返ったり未来を想像したりすることを意味します。「情報収集」は，仕事や働くことに関する記事を読むなど，興味がある仕事や資格に関する情報を集めることを指します。「他者から学ぶ」とは，仕事や働くことについて，友人や家族，先輩や社会人から話を聴くことです。

　3 つの側面間を比較すると，大学生では，「自己理解」や「情報収集」と比べて「他者から学ぶ」ことはあまり行われていませんでした（安達，2021）。しかし，キャリア探索の 3 側面と職業決定との関連について検討した結果，「情報収集」だけでなく「他者から学ぶ」ことも職業決定に結びつくことが示されています（安達，2010）。今は，インターネットを使えば，手軽に仕事や働くことに関する情報を得られる時代ですが，実際に人と会って話を聴くこともキャリア選択に結びつく重要な経験になるといえます。また，自己の内面について

探索する「自己探索」は，将来の職業について色々考えたり経験を深めたりする試行状態と関係があることが示されました。キャリアを探索することは，単に情報を得るという意義だけでなく，それを実践することによって探索する力が養われるとされています（安達, 2019）。自分自身や将来のことについて理解しようと模索し行動した経験そのものが，その後のキャリア形成に重要な意味をもつといえるでしょう。

5　キャリアに対する自己効力感

　ある活動や行動をうまく遂行する能力にかかわる信念，つまりある行動を自分がうまくできるだろうという自信のことを**自己効力感**といいますが，自己効力理論をキャリアの領域に取り入れたのが「**キャリアに対する自己効力感**」という概念です。ベッツとハケット（Betz & Hackett, 1981）は，大学生を対象に伝統的に男性が多くを占める職業（男性的職業）と女性が多くを占める職業（女性的職業）を 10 ずつ提示し，それぞれの自己効力感について調査を行いました。その結果，男子学生は男性的職業にも女性的職業にも同程度の自己効力感を示したのに対して，女子学生は女性的職業への自己効力感は高いものの，男性的職業への自己効力感が低いことが明らかになりました。同様の傾向は，日本の大学生を対象とした調査においても確認されています（安達, 2019）。自分にできそうだと思える職業は将来の選択肢として思い浮かびやすいのに対し，自己効力感を感じられない職業は，たとえ適性や能力が備わっていたとしても将来の選択肢から除外してしまうことがあるかもしれません。キャリアに対する自己効力感は実際の職業選択にも影響するといえるでしょう。

　キャリアに対する自己効力感が，どのような分野や領域に進むのかという選択の内容を扱っているのに対し，進路を選択していく過程に着目したのが「キャリア選択過程に関する自己効力感」です。進路をどのように選択するかというキャリア選択の過程において必要となる具体的行動に焦点を当てたもので，ある特定の分野を自分の進路として選択する過程そのものについてどの程度自信をもっているかを捉えるものです（廣瀬, 1998）。大学生を対象とした研究において，キャリア選択過程に関する自己効力感の高さは，積極的な就職活動や内

176

定先の獲得，就業意欲につながることが明らかになっていることから，キャリア選択の過程においても，自己効力感は重要な役割を果たすことがわかります。

6　自己効力感に影響する 4 つの情報源

　前節で述べた自己効力感はどのようにしたら高められるのでしょうか。バンデューラ（Bandura, 1977）は，自己効力の形成にかかわる情報源（要因）として，以下の 4 つを挙げています。

　1 つめは「遂行行動の達成」です。自ら行動したことで達成経験が得られれば，次もうまくできるという自信につながるでしょう。例えば，アルバイトやインターンシップ等，職業に直接かかわるような経験でなくても，部活の部長としてチームをまとめた経験や授業でのグループ活動で協力して発表資料を作り上げた経験など，自身が取り組んだ課題や活動で達成経験を得ることは，自己効力感の有力な情報源となります。

　2 つめは「代理経験」です。自身が直接経験することに限らず，他者が成功する姿を見たり，成功していくプロセスを観察したりすることで，自分にもできそうだという自己効力感の高まりにつながることがあります。高校生の場合，先輩から進路選択の話を聴いたり，大学のオープンキャンパスに参加し，大学生がどのように大学を選択し，大学でどのような学びを経験しているのかを尋ねたりするのもよい機会になるでしょう。

　3 つめは「言語的説得」です。自身が行動したことや達成できたことに対して，他者から認められたり褒められたりすると，自信が高まります。他者から言葉による励ましをもらうことは，自己効力感を高める大きな力となります。

　4 つめは「情動的喚起」です。自分の中に生じる生理的な反応の変化を知覚することも，自己効力感に影響します。例えば，発表場面で緊張し，脈拍が速くなったり手足が震えたりすることを知覚すると，次に同じような場面に遭遇した際にもその感覚を思い出し，自己効力感が低下するでしょう。逆に，心身が落ち着き，リラックスした状態を感じることは，自己効力感を高める方向に働くと考えられます。

　私たちは，日々の経験の中で上記のような自己効力感に結びつくさまざまな

おさんぽ13　自分の将来にどう向き合うか？　　177

情報源を得る機会がありますが，それに気がつかず見落としてしまったり，低く見積もったりしてしまうことがあります。改めて，過去に経験したことや日々の経験の中にある情報源に目を向けてみましょう。

7　変化の大きい現代におけるキャリア形成

　こころちゃんと同じように，みなさんもこれまでの生活の中で，将来どういう職業に就きたいか，どういう分野に進みたいかを尋ねられる機会があったと思います。従来のキャリア理論では，目標を定めてその実現に向けたステップを具体化し，それに向けて経験を積み重ねていくという考え方が主流でした。しかし，キャリアを取り巻く環境の変化が大きい現代では，未来に起きることを予想することが難しく，予期していなかった事態に対応しなければならない状況が多く発生します。自分の描いた計画通りに進まないことも多いでしょう。そのような予想外の出来事や偶然の事象を学習のための機会として認識し，キャリア形成に取り入れることの重要性を指摘したのが「**計画された偶発性 (planned happenstance) 理論**」です（Mitchell et al., 1999；Krumboltz & Levin, 2004）。この理論では，目標や計画を立てること自体を否定しているのではありません。目標に固執して自身の可能性を狭めるのではなく，自身の成長や学習，環境の変化に伴って目標自体も変化する可能性があることを認識し，想定外の出来事や新しい経験に対してオープンな姿勢をとることで，偶然の出来事を最大限に活かすことができると考えます。

　実際，この理論の提唱者の1人であるクランボルツ自身，心理学者という道に進んだのは偶然だったといいます。大学時代，大学の専攻分野を決められずにいた彼は，大学に提出する申請書の締切日当日，当時打ち込んでいたテニスのコーチに相談をします。それは，相談できる身近な相手が他にいなかったからなのですが，このコーチが心理学の教授だったことがきっかけで，彼は心理学を専攻することを決めるのです。つまり，この偶然の出会いが彼のキャリアのきっかけとなったわけです。

　みなさんの中にも，振り返ってみると，自分の人生に大きな影響を与えた偶然の出来事や出会いが思い浮かぶ人がいるのではないでしょうか。一方で，気

づかず見過ごしてしまっている機会や出会いもあるかもしれません。計画された偶発性理論では，偶然をキャリアの機会として活かすために必要なスキルとして，以下の5つが挙げられています（Mitchell et al., 1999）。1つめは「好奇心（Curiosity）」で，新たな学びの機会を模索することです。興味関心のある分野だけでなく，普段から視野を広げるように努めておくことで新たに挑戦したいことが見つかることもあるでしょう。2つめは「持続性（Persistence）」で，挫折や失敗があってもあきらめずに粘り強く努力することです。3つめは「柔軟性（Flexibility）」で，状況に応じて柔軟に態度や環境を変えることです。こだわりにとらわれて行動や思考を狭めることなく，柔軟な思考や対応を心がけることが大切だといえます。4つめは「楽観性（Optimism）」で，新しい機会を実現可能で達成できるものと考えることです。5つめは「冒険心（Risk Taking）」で，結果が不確かであっても思い切って行動を起こしてみることです。

8　おわりに

　最後に，もう一度こころちゃんの問いに立ち戻ってみましょう。実は，私自身も，高校生から大学生時代にかけて，こころちゃんと同じ問いを抱き続けていました。そしてそのことが心理学の道に進むきっかけの1つとなりました。

　将来のことを考える際，進みたい分野や職業名を考えることはもちろん大切なことですが，それだけにとらわれず，ここで紹介したデータのように，どのような人生を送りたいのか，人生の中で仕事とのかかわりをどのように捉え，仕事にどういうことを求めるのか，という視点からも考えることができるでしょう。仕事を通してどういう経験をしたいのか，何を実現したいのか，その背景にある思いや大切にしたい価値観にも目を向けてみましょう。今興味をもっていること，今できることに注力する中でやりたいことが見つかる場合もあります。エリクソン（Erikson, 1959）によると，青年がアイデンティティを模索する過程において，役割実験が重要な意味をもつとされています。役割実験とは，青年が社会における適所を見出すために自分の可能性や適性を試すことを意味します。青年期について，エリクソンが「試行錯誤によってのみ，行動や自己表現における最適な道が開かれてゆく」と述べたように，青年は役割実験を通

して試行錯誤する中で、さまざまな経験を積み重ね、アイデンティティをより確かなものにしていくといえるでしょう。部活動やアルバイト、ボランティア活動など、色々な社会的役割を試しにやってみることで、自分に向いているかどうか、自分が楽しいと思えるかどうかを体験の中で感じ取ることが大切な経験になるといえます。

自分のやりたいことや関心のあることにアンテナを張り、日々の生活での出会いや経験に改めて意識を向けながら、自分らしい人生とはどういうものか、じっくり時間をかけて向き合ってみましょう。

どのようにして京都北山に心理学の学びは誕生したのか？

京都市中心部は碁盤の目のように東西南北に伸びる道で区切られています。その最北に、東西方向に伸びているのが北山通。京都ノートルダム女子大学はその北山通から一筋南の通り沿いにあります。現在は美しい並木道におしゃれなカフェやファッショナブルなお店が並ぶ人気エリアですが、北山通が完成する1985年以前は、旧松ヶ崎村の集落と田畑が広がる「のどかで美しい田園風景」でした。

1961年に設立されたノートルダム女子大学（1999年より京都ノートルダム女子大学）に心理学の灯がついたのは5年後の1966年、故・住田幸次郎先生が家政系の生活文化学科に着任したことに始まります。住田先生は母校の京都大学教育学部での助手を経て本学専任講師となられ、1974年には同窓の後輩である中沼光雄先生が専任講師として着任されました。心理学を学ぶ住田ゼミと中沼ゼミはとても人気があったそうで、その厳しくも温かいご指導のもと巣立った学生は数百人に上ります。

ノートルダムの心理学教育は、2000年に生活文化学科から独立した心理学科（当時は「生涯発達心理学科」）の誕生により本格化し、設置当初の学科長を住田先生が、2002年から中沼先生が引き継がれました。心理学を志す入学生を数多く迎え入れ、同時期に着任した若手教員たちは、学生の個性をよく理解して丁寧な教育指導をされてきた「ノートルダム心理」の伝統を受け継ぐ責任の重みを強く感じたものでした。

住田先生のご専門の1つは心理統計学です。PCに数字を入力すれば結果がもっともらしく出てくる時代だからこそ、丁寧にデータを手で扱うことの大切さを教えてくださいました。今回執筆した教員の中には、本学学生として住田先生の教えを受けた人や、京都大学で非常勤講師として担当されていた統計の講義を受けた人もいます。また、中沼先生は社会心理学・青年心理学がご専門ですが、2005年度のご退職前には、ライフワークとして、「宗教と科学の間に」というシリーズ論文を2001年から5年連続で本

学紀要に投稿されました。京都の地にあるキリスト教系大学，文学と科学の間にある心理学，その視座から手間暇をかけた教育や文化の復興が平和や幸福につながる可能性を提示されています。

　カトリック系の本学では，毎年12月に「ノートルダムクリスマス」が行われます。1本のキャンドルの灯が隣へ隣へ……と多くの人の手によって繋がれて大きな明かりになっていくように，ノートルダム心理の灯は住田先生から中沼先生へ，ご退職後は我々心理学科教員に受け継がれ，学生たちの進む道を照らし続けることでしょう。

　住田先生は退職された2004年度の卒業アルバムに，次のようなメッセージを残しています。

　　人間はみな特徴がある。
　　自分の特徴を受け入れ，かつ活かして新しい生活に適応してください。
　　世の中にはいろいろの人材が必要です。

　人間の知能や創造性を研究し，個人差にも向き合ってきた先生だからこそ，一人ひとりの個性を大切にして，たくましく，地道に生きてほしいという思いが発せられたのでしょう。2010年に住田先生は永眠され，ご遺族から本学に寄付をいただきました。現在，奨学基金として学会や海外へと学生が羽ばたくために活用されています。

　両先生から若者たちの未来へ。ノートルダム心理の灯はたしかに受け継がれています。
（編者・編集委員有志）

▼ベルタワー

▼キャンドルサービス

メタセコイヤのイルミネーション▶

文　献

◉おさんぽ 1

Alicke, M. D., & Govorun, O. (2005). The better-than-average effect. In M. D. Alicke, D. A. Dunning, & J. I. Krueger (Eds.), *The self in social judgment* (pp. 85–106). Psychology Press.

Beach, S. R. H., & Tesser, A. (1995). Self-esteem and the extended self-evaluation maintenance model: The self in social context. In M. H. Kernis (Ed.), *Efficacy, agency, and self-esteem* (pp. 145–170). Plenum Press.

Festinger, L. (1954). A theory of social comparison processes. *Human Relations, 7,* 117–140.

James, W. (1892). *Psychology: Briefer course.* London: Macmillan.（ジェームズ, W. 今田 寛（訳）（1992）. 心理学（上）岩波書店）

Linville, P. W. (1987). Self-complexity as a cognitive buffer against stress-related illness and depression. *Journal of Personality and Social Psychology, 52,* 663–676.

桜井茂男（1992）. 自己評価維持モデルに及ぼす個人差要因の影響 心理学研究, 63, 16–22.

Tesser, A. (1988). Toward a self-evaluation maintenance model of social behavior. In L. Berkowitz (Ed.), *Advances in experimental social psychology, Vol. 21. Social psychological studies of the self: Perspectives and programs* (pp. 181–227). Academic Press.

山口 勧（1990）.「自己の姿への評価」の段階 中村陽吉（編）「自己過程」の社会心理学（pp. 111–142）. 東京大学出版会

◉おさんぽ 2

Allport, G. W., & Odbert, H. S. (1936). Trait-names: A psycho-lexical study. *Psychological Monographs, 47* (1, whole No. 211).

青木孝悦（1971）. 性格表現用語の心理－辞典的研究――455 語の選択, 分類および望ましさの評定 心理学研究, 42, 1–13.

青木孝悦（1974）. 個性表現辞典――人柄をとらえる技術と言葉 ダイヤモンド社

小松孝至・酒井恵子・西岡美和・向山泰代（2012）. 自他の性格評定に使用可能な擬態語性格尺度の構成 心理学研究, 83, 82–90.

小松孝至・向山泰代・西岡美和・酒井恵子（2016）. 擬態語による性格認知と友人関係におけるリーダー／フォロワー役割 心理学研究, 86, 589–595.

向山泰代・小松孝至・酒井恵子・西岡美和（2017）.「擬態語性格尺度」は何を測っているか (2)「緩やかさ」尺度に関する事例的検討 日本心理学会第 81 回大会発表論文集, 49.

西岡美和・小松孝至・向山泰代・酒井恵子（2018）.「擬態語性格尺度」は何を測っているか (3)「軽薄さ」尺度に関する事例的検討 日本心理学会第 82 回大会発表論文集, 28.

苧阪直行（1999）. 擬音語・擬態語の認知科学 苧阪直行（編著）感性のことばを研究する――擬音語・擬態語に読む心のありか（pp. 1–26）. 新曜社

酒井恵子・西岡美和・向山泰代・小松孝至（2015）. 擬態語性格尺度短縮版の作成 パーソナリティ研究, 24, 163–166.

田守育啓（1993）. 日本語オノマトペの音韻形態 筧 壽雄・田守育啓（編）オノマトピア・擬音・擬態語の楽園（pp. 1–15）勁草書房

テオプラストス 森 進一（訳）(1982). 人さまざま 岩波書店

辻 平治郎（2001a）. 日本語での語彙アプローチによるパーソナリティ特性次元の分析 日本性格心理学会第 10 回発表論文集, 84–85.

辻 平治郎（研究代表者）(2001b). 日本語での語彙アプローチによるパーソナリティ特性次元の分析 平成 10, 11, 12 年度科学研究費補助金（基盤 C）（課題番号 10610151）研究報告書

◉おさんぽ3

カルフ, D. M. 河合隼雄（監修）大原 貢・山中康裕（共訳）(1972). カルフ箱庭療法 誠信書房

河合隼雄 (1969). 箱庭療法入門 誠信書房

河合隼雄・中村雄二郎 (1984). トポスの知——箱庭療法の世界 ティービーエス・ブリタニカ

河合俊雄 (2013). 心理療法という場と主体性 河合俊雄（編）ユング派心理療法 (pp. 3-17) ミネルヴァ書房

木村晴子 (1985). 箱庭療法——基礎的研究と実践 創元社

森谷寛之 (2012). コラージュ療法実践の手引き——その起源からアセスメントまで 金剛出版

佐藤睦子 (2023). グループ・アプローチにおいてコラージュ療法の果たす役割——チャリティイベントのがん患者・精神科デイケアのメンバーとともに 森谷寛之（監修）コラージュ療法のすすめ——実践に活かすための使い方のヒント (pp. 87-102) 金剛出版

◉おさんぽ4

木原雅子ら (2000). 若者の HIV/STD 関連知識・性行動・性意識に関する研究 木原正博 厚生科学研究費補助金 先端的厚生科学研究分野 エイズ対策研究事業「HIV 感染症の疫学研究（総括研究報告書）1999 年度」, 584-593.

仲倉高広ら (2012).「HIV 医療とカウンセリング」平成 24 年度厚生労働科学研究費エイズ病院のなかの臨床心理（暫定版）HIV 医療における心理臨床ポケットガイド 白阪琢磨（研究代表）厚生労働科学研究費補助金エイズ対策研究推進事業「HIV 感染症とその合併症の課題を克服する研究」p. 4.

仲倉高広（分担研究者）ら (2015). HIV 陽性者の心理学的問題の現状と課題に関する研究 白阪琢磨（研究代表）厚生労働科学研究費補助金 疾病・障害対策研究分野 補助金 エイズ対策研究「HIV 感染症とその合併症の課題を克服する研究 平成 26 年度 研究報告書」pp. 73-96.

大場 登 (2013). 25 トピックス——心理臨床の現場から⑤ HIV カウンセリング，大場 登・小野けい子（編），三訂版 臨床心理面接特論——心理療法の世界 (pp. 349-367) 放送大学教育振興会

[AC CM] 公共広告機構 エイズなんて関係ないと思ってた https://www.ad-c.or.jp/campaign/search/index.php?id=457&page=91&sort=b (2025 年 1 月 24 日閲覧)

◉おさんぽ5

石本雄真(2010). こころの居場所としての個人的居場所と社会的居場所——精神的健康および本来感，自己有用感との関連から カウンセリング研究, 43(1), 72-78.

北山 修 (1993). 自分と居場所 岩崎学術出版社

文部省 (1992). 登校拒否（不登校）問題について——児童生徒の「心の居場所」づくりを目指して（学校不適応対策調査研究協力者会議報告）教育委員会月報, 44, 25-29.

妙木浩之 (2003).「心の居場所」の見つけ方——面接室で精神療法家がおこなうこと 講談社

内閣府 (2017). 平成 29 年度版子供・若者白書 https://www8.cao.go.jp/youth/whitepaper/h29gaiyou/pdf/b1_00.pdf（2023 年 8 月 26 日閲覧）

奥地圭子 (1991). 東京シューレ物語——学校の外で生きる子どもたち 教育史料出版会

住田正樹 (2003). 子どもたちの「居場所」と対人的世界 住田正樹・南 博文（編）子どもたちの「居場所」と対人的世界の現在 (pp. 381-400) 九州大学出版会

谷 冬彦 (2001). 青年期における同一性感覚の構造——多次元自我同一性尺度 (MEIS) の作成 教育心理学研究, 49(3), 265-273.

富永幹人・北山 修 (2003). 青年期と「居場所」 住田正樹・南 博文（編）子どもたちの「居場所」と対人的世界の現在 (pp. 381-400) 九州大学出版会

堤 雅雄 (2002).「居場所」感覚と青年期の同一性の混乱 島根大学教育学部紀要 人文・社会科学, 36, 1-7.

Winnicott, D. W. (1965). *The maturational processes and the facilitating environment: Studies in the theory of emotional development.* London: The Hogarth Press.

山中康裕 (2001). たましいの窓——児童・思春期の臨床 1 山中康裕著作集 1 岩崎学術出版社

文　献　　183

●おさんぽ6

Corballis, M. C.（2002）. *From hand to mouth: The origins of language*. Princeton, NJ: Princeton University Press.（コーバリス，M. C. 大久保街亜（訳）（2008）. 言葉は身振りから進化した――進化言語学が探る言語の起源 勁草書房）

Dunbar, R.（1996）*Grooming, gossip and the evolution of language*. Faber & Faber.（ダンバー，R. 松浦俊輔・服部清美（訳）（2016）. ことばの起源――猿の毛づくろい，人のゴシップ 新装版 青土社）

権藤桂子（2017）. 音声の理解と産出の発達 秦野悦子・高橋 登（編著）言語発達とその支援（pp. 44-62）ミネルヴァ書房

秦野悦子（2017）. 言語発達の生物学的基礎 秦野悦子・高橋 登（編著）言語発達とその支援（pp. 2-22）ミネルヴァ書房

今井むつみ・秋田喜美（2023）. 言語の本質 中央公論新社

小林春美（2005）. 語彙発達②幼児期以降の語彙発達 岩立志津夫・小椋たみ子（編）よくわかる言語発達（pp. 40-41）ミネルヴァ書房

岡本夏木（1991）. 児童心理 岩波書店

岡ノ谷一夫（2018）. 音声と表情が伝えるもの――コミュニケーション信号の進化 高次脳機能研究, *38*, 1-7.

Smolucha, F.（1992）. Social origins of private speech in pretend play. In R. M. Diaz, & L. E. Berk（Eds）, *Private speech: From social interaction to self-regulation*（pp. 123-141）. Hillsdale, New Jersey: Lawrence Erlbaum Associates, Publisher.

高橋美樹・岡ノ谷一夫・馬塚れい子（2020）. 小鳥の歌発達から考えるヒト乳児の言語獲得への生物学的準備性 日本音響学会誌, *76*, 93-100.

高井直美・高井弘弥（1996）. 初期シンボル化における身ぶり動作と音声言語との関係 発達心理学研究, *7*, 20-30.

高井直美（2002）. 幼児期初期における他者のことばの内化過程 京都ノートルダム女子大学生涯発達心理学科研究誌プシュケー, *1*, 55-68.

Vygotsky, L. S.（1934）. Мышление и речь（ヴィゴツキー，L. S. 柴田義松（訳）（1962）. 思考と言語 明治図書出版）

●おさんぽ7

Kanizsa, G.（1955）. Margini quasi-percettivi in campi con stimolazione omogenea. *Rivista di Psicologia, 49*, 7-30.

Loftus, G. R., & Mackworth, N. H.（1978）. Cognitive determinants of fixation location during picture viewing. *Journal of Experimental Psychology: Human Perception and Performance, 4*, 565-572.

Masuda, T., & Nisbett, R. E.（2001）. Attending holistically versus analytically: Comparing the context sensitivity of Japanese and Americans. *Journal of Personality and Social Psychology, 81*, 922-934.

Smith, G. E., Chouinard, P. A., & Byosiere, S.（2021）. If I fits I sits: A citizen science investigation into illusory contour susceptibility in domestic cats（Felis silvestris catus）. *Applied Animal Behaviour Science, 240*, 1-7.

●おさんぽ8

Bell, S. M., & Ainthworth, M. D. S.（1972）. Infant crying and maternal responsiveness. *Child Development, 43*, 1171-1190.

Bowlby, J.（1969）. *Attachment and loss, Vol.1: Attachment*. Basic books, New York.（ボウルビィ，J. 黒田実郎・大羽 蓁・岡田洋子・黒田聖一（訳）（1991）. 愛着行動 新版 母子関係の理論 岩崎学術出版社）

Diaz-Rojas, F., Matsunaga, M., Tanaka, Y., Kikusui, T., Mogi, K., Nagasawa, M., Asano, K., Abr, N., & Myowa, M.（2021）. Development of the paternal brain in expectant fathers during early pregnancy. *Neuroimage, 225*,117527.

京都市情報館 HP　妊産婦への支援＞母子健康手帳の交付 https://www.city.kyoto.lg.jp/hagukumi/page/0000294274.html（2024 年 8 月 8 日閲覧）

国立成育医療研究センター（2018）．母子保健事業における乳幼児健診事業の位置づけ 乳幼児健康診査事業実践ガイド（pp. 1–3）https://www.ncchd.go.jp/center/activity/kokoro_jigyo/guide.pdf（2024 年 8 月 8 日閲覧）

国立成育医療研究センター（2023）．父親の“産前・産後うつ”のリスク要因が明らかに──「コロナへの強い不安」や「周囲や家族のサポート不足」により，約 2 倍リスク高まる ニュースリリース https://www.ncchd.go.jp/press/2023/0901.pdf（2024 年 8 月 8 日閲覧）

薦田未央・高井直美（2021）．大学相談機関における子育て支援教室の意義 研究紀要プシュケー, *20*, 25–40.

厚生労働省（2021）．令和 3 年度 出生に関する統計の概況 参考「国際比較」（pp. 23–24）人口特殊統計報告 令和 3 年出生に関する統計概況版 https://www.mhlw.go.jp/toukei/saikin/hw/jinkou/tokusyu/syussyo07/dl/sankou.pdf（2025 年 1 月 8 日閲覧）

厚生労働省（2024a）．令和 5 年（2023）人口動態統計（確定数）の概況 参考資料 合計特殊出生率について https://www.mhlw.go.jp/toukei/saikin/hw/jinkou/kakutei23/dl/tfr.pdf（2025 年 1 月 8 日閲覧）

厚生労働省（2024b）．結果の概要 地域保健編 令和 4 年度地域保健・健康増進事業報告の概況 https://www.mhlw.go.jp/toukei/saikin/hw/c-hoken/22/dl/R04gaikyo.pdf（2025 年 1 月 8 日閲覧）

松永倫子（2021）．ヒトの養育行動を支える神経生理学的基盤と母親の表情知覚の個人差 発達心理学研究, *32*(4), 184–195.

佐々木綾子・小坂浩隆・末原紀美代・町浦美智子・定藤規弘・岡沢秀彦（2010）．親性育性のための基礎研究 青年期男女における乳幼児との継続接触体験の親性準備性尺度・fMRI による評価 母性衛生 *51*(4), 655–665.

田中友香里（2021）．「親性脳」から探る個別型親性発達の支援に向けて 発達心理学研究, *32*(4), 196–209.

東京大学大学院教育学研究科附属発達保育実践政策学センター（CEDEP）・ベネッセ教育総合研究所（2023）．乳幼児の生活と育ちに関する調査 2017-2022 0 歳〜5 歳 ダイジェスト版：データ集 ベネッセ教育総合研究所 https://benesse.jp/berd/up_images/research/2017_2022_Nyuyouji.pdf（2024 年 8 月 8 日閲覧）

◉おさんぽ 9

Bandura, A.（1977）. Self-efficacy: Toward a unifying theory of behavioral change. *Psychological Review, 84*, 191–215.

速水敏彦（2019）．教育心理学の神話を問い直す 内発的動機づけと自律的動機づけ 金子書房

西村多久磨・河村茂雄・櫻井茂男（2011）．自律的な学習動機づけとメタ認知的方略が学業成績を予測するプロセス 教育心理学研究, *59*, 77–87.

Ryan, R. M., & Deci, E. L.（2000）. Self-determination theory and the facilitation of intrinsic motivation, social development, and well-being. *American Psychologist, 55*, 68–78.

Schunk, D. H.（1991）. Self-efficacy and academic motivation. *Educational Psychologist, 26*, 207–231.

東京大学社会科学研究所・ベネッセ教育研究所（2019）．高校生活と進路に関する調査 2018──高校生活の振り返り・高校生の成長

植阪友理・瀬尾美紀子・市川伸一（2006）．認知主義的・非認知主義的学習観尺度の作成 日本心理学会第 70 回大会発表論文集

梅本貴豊（2013）．メタ認知的方略，動機づけ調整方略が認知的方略，学習の持続性に与える影響 日本教育工学会論文誌, *37*, 79–87.

◉おさんぽ 10

Amlung, M., Vedelago, L. Acker, J., Balodis, I., & MacKillop, J.（2017）. Steep delay discounting and addictive behavior: A meta-analysis of continuous associations. *Addiction, 112,* 51–62.

青山謙二郎(2024). 遅延割引とマイボトルおよびエコバッグ利用行動との関係——行動の自己記録データとの相関関係の検討 環境心理学研究, *12*(1), 1–8.

朝廣花梨・桑原咲那・空間美智子（2022）．大学生におけるセルフコントロールと不安——経済状況と将来展望との関連 日本行動分析学会第 40 回年次大会発表論文集, 79.

Forzano, L. B., Sorama, M., O'Keefe, M., Pizzonia, K., Howard, T., & Dukic, N. (2021). Impulsivity and self-control in elementary school children and adult females: Using identical task and procedural parameters. *Behavioural Processes, 188,* 104411.

蒲生裕司（2017）．矯正分野におけるセルフ・コントロール 高橋雅治（編）セルフ・コントロールの心理学——自己制御の基礎と教育・医療・矯正への応用（pp. 226–240）北大路書房

Hayashi, Y., Russo, C. T., & Wirth, O.（2015）．Texting while driving as impulsive choice: A behavioral economic analysis. *Accident Analysis & Prevention, 83,* 182–189.

林田菜月・空間美智子・井垣竹晴（2023）．中学生および高校生におけるセルフコントロールと利他性——情動調整とストレスとの関連 日本行動分析学会第 41 回年次大会発表論文集, 84.

Hudson, J. E., Grunevski, S., Sebelius, J., & Yi, R.（2024）．Art-delivered episodic future thinking reduces delay discounting: A phase IIa proof-of-concept trial. *Journal of Substance Use and Addiction Treatment, 158,* 209255.

井垣竹晴（2019）．社会割引研究の現状と展望 哲學, *142,* 97–126.

Igaki, T., Romanowich, P., & Yamagishi, N.（2019）. Using smartphones while walking is associated with delay but not social discounting. *The Psychological Record, 69*(4), 513–524.

池上将永・荒木章子・増山裕太郎・空間美智子・佐伯大輔・奥村香澄・高橋雅治（2020）．ADHD 児とASD 児における遅延割引率の測定 小児の精神と神経, *60*(3), 223-231.

伊藤正人（2005）．行動と学習の心理学——日常生活を理解する 昭和堂

Ito, M., Saeki, D., & Green, L.（2011）. Sharing, discounting, and selfishness: A Japanese-American comparison. *The Psychological Record, 61*(1), 59–75.

Jones, B. A., & Rachlin, H.（2009）. Delay, probability, and social discounting in a public goods game. *Journal of the Experimental Analysis of Behavior, 91*(1), 61–73.

Locey, M. L., Safin, V., & Rachlin, H.（2013）. Social discounting and the prisoner's dilemma game. *Journal of the Experimental Analysis of Behavior, 99*(1), 85–97.

Malesza, M.（2019）. Stress and delay discounting: The mediating role of difficulties in emotion regulation. *Personality and Individual Differences, 144,* 56–60.

中島陽大・空間美智子・伊藤正人・前田真治（2021）．ASD 児と ADHD 児における社会性と衝動性——社会割引と遅延割引の測定 日本行動分析学会第 39 回大会発表論文集, 54.

日本行動分析学会（編）(2015)．ケースで学ぶ行動分析学による問題解決 金剛出版

Rachlin, H.（1980）. *Behaviorism in everyday life,* Prentice-Hall.

Rachlin, H., & Green, L.（1972）. Commitment, choice, and self-control. *Journal of the Experimental Analysis of Behavior, 17,* 15–22.

佐伯大輔・中村 敏・片山 綾（2019）．遅延割引と防災行動の関係に関する予備的研究 都市防災研究論文集, *6,* 15–20.

Sharp, C., Barr, G., Ross, D., Bhimani, R., Ha, C., & Vuchinich, R.（2012）. Social discounting and externalizing behavior problems in boys. *Journal of Behavioral Decision Making, 25*(3), 239–247.

空間美智子（2022）．臨床応用 澤 幸祐（編）手を動かしながら学ぶ学習心理学（pp. 73–94）朝倉書店

空間美智子・伊藤正人・和田彩紀子（2020）．小学校におけるセルフコントロールの教育——遅延割引と社会割引の変化 日本行動分析学会第 38 回大会発表論文集, 64.

陶山佳達・空間美智子（2019）．大学生における衝動性と時間的展望 日本心理学会第 83 回大会発表論文集, 639.

高砂美樹（2019）．心理学史における Little Albert をめぐる謎 行動分析学研究, *33*(2), 128–134.

寺尾真実・空間美智子（2019）．中学生のセルフコントロールと無気力感——遅延による報酬の価値割

引との関連 日本心理学会第 83 回大会発表論文集, 635.

上田楓子・空間美智子（2022）．大学生における共感性と他者との共有による価値割引 日本行動分析学会第 40 回年次大会発表論文集, 71.

Watson, J. B., & Rayner, R.（1920）. Conditioned emotional reactions. *Journal of Experimental Psychology, 3*(1), 1–14.

● おさんぽ 11

阿部一美（1991）．成人期における母親の老いとそのイメージ 京都大学大学院教育学研究科臨床教育学専攻 修士論文（非公刊）．

Ainsworth, M. D. S., Blenar, M. C., Waters, E., & Wall, S.（1978）. *Patterns of attachment: A psychological study of the strange situation.* Lawrence Erlbaum Associates.

遠藤利彦（2017）．赤ちゃんの発達とアタッチメント──乳児保育で大切にしたいこと ひとなる書房

林 研三（2021）．家族の境界 中込睦子・中野紀和・中野 泰（編）現代家族のリアル──モデルなき時代の選択肢（pp. 84–104）ミネルヴァ書房

柏木惠子・若松素子（1996）．「親となる」ことによる人格発達 生涯発達的視点から親を研究する試み 発達心理学研究, 5, 72–83.

Laing R. D.（1961）. *The self and others: Further studies in sanity and madness.* London: Tavistock Publications.（レイン, R. D. 志賀春彦・笠原 嘉（訳）(1975). 自己と他者 みすず書房）

Mahler, M. S., Pine, F., & Bergman, A.（1975）. *The psychological birth of the human infant.* New York: Basic Books Inc.（マーラー, M. S., パイン, F., & バーグマン, A. 高橋雅士・織田正美・浜畑 紀（訳）(2001). 乳幼児の心理的誕生 黎明書房）

松村 明・三省堂編修所（編）(2019)．大辞林 第四版 三省堂書店

三宅香帆（2024）．娘が母を殺すには？ PLANETS

根ヶ山光一（2012）．アロマザリングの島の子どもたち──多良間島子別れフィールドノート 新曜社

根ヶ山光一（2021）．「子育て」のとらわれを超える──発達行動学的「ほどほど親子」論 新曜社

西平直喜（1990）．成人になること──生育史心理学から 東京大学出版会

落合良行・佐藤有耕（1996）．親子関係の変化からみた心理的離乳への過程の分析 教育心理学研究, 44, 11–22.

小田切紀子・野口康彦・青木 聡（編）(2017)．家族の心理──変わる家族の新しいかたち 金剛出版

岡本祐子（1997）．中年からのアイデンティティ発達の心理学 ナカニシヤ出版

奥村 隆（2024）．他者といる技法──コミュニケーションの社会学 筑摩書房

齊藤 彩（2022）．母という呪縛 娘という牢獄 講談社

田房永子（2021）．なぜ親はうるさいのか──子と親は分かりあえる？ 筑摩書房

上野千鶴子（1994）．近代家族の成立と終焉 岩波書店

● おさんぽ 12

一般社団法人日本カウンセリング学会 学会について https://www.jacs1967.jp/society/about （2024 年 2 月 22 日閲覧）

一般財団法人日本心理研修センター監修（2019）．公認心理師現任者講習会テキスト 改訂版 金剛出版

Kemelman, H.（1967）. *The nine mile walk.* Putnam.（ケメルマン, H. 永井 敦・深町眞理子（訳）(1976). 九マイルは遠すぎる 早川書房）

厚生労働省 こころもメンテしよう 困ったときの相談先 カウンセリングについて──カウンセリングの概要やメリットとは https://www.mhlw.go.jp/kokoro/youth/consultation/counseling/index.html （2024 年 2 月 22 日閲覧）

三田村仰・谷 千聖（2022）．共通要因アプローチと心理療法のエビデンス 立命館人間科学研究, 44, 79–91.

Poe, E. A.（1841）. *The murders in the Rue Morgue.*（ポー, E. A. 小川高義（訳）(2006). 黒猫／モルグ街の殺人 光文社）

文　献　　187

Rosenzweig, S. (1936). Some implicit common factors in diverse methods of psychotherapy: "At last the Dodo said, 'Everybody has won, and all must have prizes." *American Journal of Orthopsychiatry, 6*(3), 412–415.

杉原保史（2020）．心理療法において有効な要因は何か？――特定要因と共通要因をめぐる論争　京都大学学生総合支援センター紀要, *49*, 1–13.

田畑　治（1978）．カウンセリングと指導　東洋・大山　正・詫摩武俊・藤永　保（編）心理用語の基礎知識（p. 387）有斐閣

●おさんぽ13

安達智子（2010）．キャリア探索尺度の再検討　心理学研究, *79*(1), 27–34.

安達智子（2019）．自分と社会からキャリアを考える――現代青年のキャリア形成と支援　晃洋書房

安達智子（2021）．キャリア決定‐未決定の規定因――大学生，フリーター，無業者の比較から　キャリア・カウンセリング研究, *23*(1), 15–23.

Bandura, A. (1977). Self-efficacy: Toward a unifying theory of behavioral change. *Psychological Review, 84*, 191–215.

Betz, N. E., & Hackett, G. (1981). The relationship of career-related self-efficacy expectations to perceived career options in college women and men. *Journal of Counseling Psychology, 28*, 399–410.

Erikson, E. H. (1959). *Identity and the life cycle.* New York: W. W. Norton. （エリクソン, E. H. 西平　直・中島由恵（訳）（2011）．アイデンティティとライフサイクル　誠信書房）

廣瀬英子（1998）．進路に関する自己効力研究の発展と課題　教育心理学研究, *46*, 343–355.

国立社会保障・人口問題研究所（2023）．現代日本の結婚と出産――第16回出生動向基本調査（独身者調査ならびに夫婦調査）報告書

Krumboltz, J. D. & Levin, A. S. (2004). *Luck is no accident: Making the most of happenstance in your life and career.* California: Impact Publishers. （クランボルツ, J. D., & レヴィン, A. S. 花田光世・大木紀子・宮地夕紀子（訳）（2005）．その幸運は偶然ではないんです！――夢の仕事をつかむ心の練習問題　ダイヤモンド社）

Mitchell, K. E., Levin, A. S., & Krumboltz, J. D. (1999). Planned happenstance: Constructing unexpected career opportunities. *Journal of Counseling & Development, 77*, 115–124.

尾崎仁美（2001）．大学生の将来の見通しと適応との関連　溝上慎一（編）大学生の自己と生き方――大学生固有の意味世界に迫る大学生心理学（pp. 167-196）ナカニシヤ出版

綿貫哲也（2021）．この20年における「学生の就職観の変化」とその背景にあるもの　マイナビキャリアリサーチ Lab. https://career-research.mynavi.jp/column/20211207_20322/（2024年5月5日閲覧）

あとがき

　本書は，大学で教鞭をとる心理学科の教員が，高校生や大学に入学したての学生をはじめとする，心理学初学者を読者として想定しながら，自身の研究内容や専門分野について語る，という趣旨で企画が始まりました。近年，高校生を対象とした心理学の講義があったり高校生の学会への参加が推奨されたりなど，心理学界では若年層に向けて，心理学への興味・関心を拡充する活動が行われています。しかし，日常でのふとした疑問や悩みごとなどを「心理学」という学問に繋げて考えたり，さらに自ら問題意識を持って積極的に学会や講義に参加したりする高校生は，まだ多数派とはいえないでしょう。

　一方で，大学の教員も高等学校で心理学の講義する機会はあっても，自身の研究や専門分野について高校生に語る機会は，意外に少ないのです。本書では，京都ノートルダム女子大学心理学科の教員達が日頃，「面白い！」「もっと知りたい！」「これってどういうこと？」などと思いながら取り組んでいる研究や実践をわかりやすく紹介しています。各章を通じて，ナビゲーターであるこころちゃんのように「問い」をたくさん抱えた読者のみなさんに，心理学の面白さや魅力を伝えることができれば，と願っています。

　本書の筆致は章によってさまざまなので，心理学のテキストや概論書と比べると統一感に欠けるかもしれません。これは，それぞれの専門分野の特徴や執筆者の個性等が読者に伝わるように，研究や実践についてわかりやすく自由に書いていただく，というスタンスで編集作業を進めたことによります。内容も書きぶりもバラエティに富んでいますので，読者のみなさんには，まさに「ぶらりと散歩する」ように，読みやすいところからスタートして，読書の途中で立ち止まったり「よりみち」したりしながら，興味・関心に沿って自在に読み進めていただければ，と思います。

　お散歩が健康に良いといわれるのは，歩いて体を動かすという身体面での効用に加えて，好奇心の赴くままふらっと立ち寄った場所で思いもかけない出来事に遭遇したり，未知の誰かに出会ったり，これまで見過ごしていたことに偶然に気づいたり等，人の認知や感情を刺激し活性化させる心理的効用があるた

めでしょう。本書は，京都ノートルダム女子大学の心理学科教員の研究や実践を，その内容と所縁のある京都北山の周辺スポットと結びつけて紹介し，各スポットをお散歩する中で高校生のこころちゃんが問いを耕していく，という点でユニークな構成となっています。

　安西二郎先生による名著『京都心理学散歩』（1977 年，東京書籍）をご存じの読者もおられるでしょうが，京都は心理学と結びつきが深い場所でもあります。こころちゃんとともに，本書で紹介した京都北山のスポットを巡る中で，読者のみなさんに新たな発見や気づきが生まれ，心理学への興味や関心が深まっていくことを期待しています。そして機会があれば，京都ノートルダム女子大学のある京都北山エリアを実際に訪れ，歩いてみてください。緑豊かで史跡や大学も多い京都北山界隈は，散歩や思索にはもちろん，ファッションやグルメといった今のトレンドにも敏感な，自然と学問と文化が交差するエリアですよ。

　本書は科研費等の間接経費の助成を受けて刊行されました。本書を通じて研究成果を社会に発信できる機会が得られたことは，執筆者一同にとって大きな喜びとなりました。ここで紹介した研究や実践の成果は，多くの方々のご協力あってのことです。この場を借りて，研究や実践にご参加・ご協力下さったみなさまに，改めて御礼を申し上げます。本書の刊行に至るまで，ナカニシヤ出版の井上優子様，山本あかね様には，大変にお世話になりました。細やかな点にも配慮しつつ，丁寧に編集作業を進めていただき，感謝申し上げます。また，本書の刊行にあたり，ご支援を賜りました京都ノートルダム女子大学の関係者のみなさまに，厚く御礼を申し上げます。

　「よりみちコラム どのようにして京都北山に心理学の学びは誕生したのか？」（pp. 179-180）で紹介されているキャンドルサービスの灯のように，京都ノートルダム女子大学で誕生し受け継がれてきた心理学の学びが，本書をきっかけにこれからの社会を担う若い人たちへと繋がり，さらに発展していくことを願っています。

【文　　献】
安西二郎（1977）．京都心理学散歩 東京書籍

執筆者紹介

こころちゃんが京都北山エリアのおさんぽで出会った13人の先生たちを紹介します。いずれも，京都ノートルダム女子大学の心理学科で教鞭をとっている心理学の研究者・実践者です。

下田麻衣 Shimoda Mai　　担当：おさんぽ1
研究テーマ　社会心理学／消費者心理学

人々がどのように自分自身を制御しているかに関心があります。学業やダイエット，不正行為場面などにおいて，人々が誘惑にどのように対処するかについて，社会心理学および消費者心理学の視点から研究しています。

向山泰代 Mukoyama Yasuyo　　担当：おさんぽ2／あとがき
研究テーマ　パーソナリティ心理学／自己認知

個人差や個性について，パーソナリティの分野で研究をしています。多くの人に共通する側面と個人のユニークな側面について測定や記述を行ったり，対人関係を含め，日常生活においてパーソナリティがどのような機能を果たすのか，調べたりしています。

佐藤睦子 Sato Mutsuko　　担当：おさんぽ3
研究テーマ　学校臨床心理学（スクールカウンセラー）／芸術療法

精神科とスクールカウンセラーとして学校で勤めていた経験があり，大人から子どもまでこころの病気を抱えた人たちにお会いしてきました。これまでの経験から，カウンセリングを通じて，特に学校で悩みを抱える子ども達のお役に立ちたいと思っています。今は，カウンセリングの方法としてコラージュ療法について研究しています。

仲倉高広 Nakakura Takahiro　　担当：おさんぽ4
研究テーマ　HIV陽性の方への心理的な援助／心理臨床学

HIV/AIDSなど病気をもつ人や，セクシュアル・マイノリティ，薬物依存など生き辛さを抱える人とともに在り続けられる心理臨床を模索しながら研究しております。また，心理臨床の基盤となる学問は何か，どのように養成されるのかなどスーパーヴィジョン学について関心を持っています。

中藤信哉 Nakafuji Shinya　　担当：おさんぽ5
研究テーマ　臨床心理学

心理的居場所やアイデンティティ等，他者や社会との関係のなかで，いかに自己が形成されていくかといったテーマについて研究をしています。また，これまで精神科クリニックや学生相談等の場で心理療法や心理検査を実践してきました。

高井直美 Takai Naomi　　担当：おさんぽ6
研究テーマ　発達心理学／教育心理学

子どもがどのように想像力を育み，周りの世界や人々について認識するようになるのか，また親や友だちとどのような関わりを行い，そのことが子どもの発達にどのように影響するのかについて，研究しています。

菊野雄一郎 Kikuno Yuichiro　　担当：おさんぽ7
研究テーマ　知覚・認知心理学／視覚科学／認知神経遺伝学

遺伝子多型解析，脳イメージング，文化間比較等を併用し，ヒトの認知特性の生物学的・社会的基盤について研究しています。また，各人の生活の質を向上させるために，どのような環境づくりが可能かに関心を持ち，研究と実践に取り組んでいます。

薦田未央 Komoda Mio　　担当：おさんぽ8
研究テーマ　発達心理学／発達支援

幼子のおしゃべりする姿が面白く「どうやって，ことばを話すようになるのか？」という疑問が研究の始まりでした。発達相談の場では「言葉の育ち」に関する悩みが多く，実践で子どもの発達支援やご家族の心理的支援にも携わっています。

松島るみ Matsushima Rumi　　担当：おさんぽ9
研究テーマ　教育心理学

学習者の自律的な学修態度にはどのような要因が影響しているのかを研究しています。日々接している大学生の学習意欲や学習行動を調査や授業での観察を通じて把握し，その知見を大学教育の改善に役立てたいと考えています。

空間美智子 Sorama Michiko　　担当：おさんぽ10
研究テーマ　学習心理学／臨床心理学

セルフコントロールと衝動性についての基礎研究と，心理臨床の現場における応用研究および実践に取り組んでいます。研究の対象は，子どもから成人で，年齢によるセルフコントロールの変化にも関心があります。最近は，利他性と利己性についての研究にも取り組んでいます。

伊藤一美 Ito Kazumi　　担当：まえがき／おさんぽ11
研究テーマ　臨床心理学／生涯発達心理学

どのように人が成長・変化していくのか，子ども期から高齢期まで幅広く関心があり，臨床心理学と生涯発達心理学の交わったところで研究しています。統合的心理療法の立場で，実践としてはひきこもりや医療現場で家族支援に携わっています。

武藤翔太 Muto Shota　　担当：おさんぽ12
研究テーマ　臨床心理学／心理（的）アセスメント

アセスメントした結果を本人にどのように伝え，話し合えると役立つものになるのか，というフィードバックに関する研究を行っています。臨床実践は精神科医療領域を中心に老若男女，疾患名を問わず行ってきています。

尾崎仁美 Ozaki Hitomi　　担当：おさんぽ13
研究テーマ　青年心理学

大学生が大学生活や人生をどのようにとらえているのかに関心があり，大学生活の過ごし方や大学での学修成果，将来展望などについて研究を行っています。最近は，青年期以降のアイデンティティ形成や女性の生涯発達にも関心をもっています。

京都北山エリア ぐるっと心理学さんぽ
「心」ってなんだろう？

2025 年 4 月 10 日　　初版第 1 刷発行

編　者　伊藤一美・向山泰代
発行者　中西　良
発行所　株式会社ナカニシヤ出版
〒606-8161　京都市左京区一乗寺木ノ本町 15 番地
　　　　　　　　　　　　Telephone　　075-723-0111
　　　　　　　　　　　　Facsimile　　075-723-0095
　　　　　　　Website　　https://www.nakanishiya.co.jp/
　　　　　　　Email　　iihon-ippai@nakanishiya.co.jp
　　　　　　　　　　　　郵便振替　01030-0-13128

装幀・イラスト＝鈴木素美／印刷・製本＝ファインワークス
Copyright © Kyoto Notre Dame University 2025
Printed in Japan.
ISBN978-4-7795-1868-3
◎本書のコピー、スキャン、デジタル化等の無断複製は著作権法上の例外を除き禁じられています。本書を
　代行業者等の第三者に依頼してスキャンやデジタル化することはたとえ個人や家庭内での利用であっても
　著作権法上認められていません。